P9-AQF-572

50 actividades educativas para desarrollar las habilidades de tu hijo

Guías para padres

Últimos títulos publicados

43. G. Nagel - *El tao de los padres*
44. P. Ekman - *Por qué mienten los niños*
45. R. Schwebel - *Cómo tratar con sus hijos el tema del alcohol y las drogas*
46. F. Dolto - *Las etapas de la infancia*
47. J. Natanson - *Aprender jugando*
48. R. A. Barkley y C. M. Benton - *Hijos desafiantes y rebeldes*
49. L. Britton - *Jugar y aprender. El método Montessori*
50. L. Lawrence - *Ayude a sus hijos a leer y escribir con el método Montessori*
51. A. Gesell - *El niño de 1 a 4 años*
52. A. Gesell - *El niño de 5 y 6 años*
53. A. Gesell - *El niño de 7 y 8 años*
54. A. Gesell - *El niño de 9 y 10 años*
55. A. Gesell - *El niño de 11 y 12 años*
56. A. Gesell - *El niño de 13 y 14 años*
57. A. Gesell - *El adolescente de 15 y 16 años*
58. R. Pérez Simó - *El desarrollo emocional de tu hijo*
59. M. Borba - *La autoestima de tu hijo*
60. P. G. Zimbardo y S. Radl - *El niño tímido*
61. G. Pinto y M. Feldman - *Homeopatía para niños*
62. L. Lipkin - *Aprender a educar con cuentos*
63. M. Stanton - *Convivir con el autismo*
64. K. Miller - *Cosas que hacer para entretener a tu bebé*
65. Ch. Rogers y G. Dolva - *Nuestra hija tiene síndrome de Down*
66. A. Rosenfeld y N. Wise - *La hiperescolarización de los niños*
67. K. Miller - *Más cosas que hacer para entretener a tu bebé*
68. J. R. Johnston y otros - *Cuentos para enseñar a tus hijos a entender el divorcio*
69. C. Mathelin - *¿Qué le hemos hecho a Freud para tener semejantes hijos?*
70. D. Stipek y K. Seal - *Mentes motivadas. Cómo educar a tus hijos para que disfruten aprendiendo*
71. T. Attwood - *El síndrome de Asperger*
72. S. Newman - *Paso a paso: juegos y actividades para ayudar a tu bebé con necesidades especiales*
73. M. Fox - *Leer como por arte de magia*
74. C. Kuhn y otros - *Cómo hablar con tus hijos de las drogas y el alcohol*
75. K. Hall - *Soy un niño con síndrome de Asperger*
76. T. Apter - *El mito de la madurez en la adolescencia*
77. F. Dolto - *La causa de los adolescentes*
78. M. Turner - *Cómo hablar con niños y jóvenes sobre la muerte y el duelo*
79. M. Borba - *Inteligencia moral. Las 7 virtudes que los niños deben aprender para hacer lo correcto*
80. A. Morris - *La experiencia de adoptar*
81. M. Pieterse - *Jugar y aprender. Una guía práctica para la escolarización de tu hijo en la edad temprana*
82. S. Goldberg - *50 actividades educativas para desarrollar las habilidades de tu hijo*

Sally Goldberg

50 actividades educativas para desarrollar las habilidades de tu hijo

PAIDÓS
Barcelona
Buenos Aires
México

Título original: *Baby and Toddler Learning Fun*
Originalmente publicado en inglés, en 2001, por Perseus Publishing, a member of the Perseus Publishing Group, Cambridge, MA, EE.UU.

Traducción de Esther González Arqué

Cubierta de Julio Vivas

ISBN: 84-493-1695-2
Depósito legal: B. 5.427-2005

Impreso en Hurope, S.L.
Lima, 3 - 08030 Barcelona

Impreso en España - Printed in Spain

A Cynthia y Deborah,
quienes crecieron con los cálidos recuerdos de sus primeros juegos.

A Cindy Randall,
mujer de gran talento, bella tanto por dentro como por fuera.
Ella fue quien luchó para que este libro
se convirtiera en una realidad.

Sumario

Tercera parte
EL INTERMINABLE PROCESO DE APRENDER

Agradecimientos

Este libro se lo debo a todos los padres que han usado el concepto de «aprender jugando» y a los cuales han gustado todos y cada uno de los juguetes descritos en él. Ellos me enseñaron que la información del libro era inestimable y que debía ampliarla. También debo esta segunda edición a todos los padres nuevos que han pedido este libro revisado. Ellos me enseñaron que las ideas habían resistido el paso del tiempo y había que ponerlas al alcance de la gente para su uso continuado. Doy especialmente las gracias a mi familia por su colaboración y alegría. Mis dos hijas, Cynthia y Deborah, jugaron con los juguetes. Mi madre, Sylvia, valora la creatividad, y estoy segura de que fue ella quien infundió en mí la idea de usar materiales viejos de un modo nuevo y creativo. Mi amiga Maria Elena Buria, con su extraordinaria energía, intuición y valor, fue quien me inspiró para sacar este libro en su nueva y mejorada versión. Gracias, Maria Elena. Un agradecimiento especial para la familia Rascoe. Además de su constante apoyo, desempeñó también un papel activo. Bill y Carol me ayudaron a fotografiar todos los juguetes dibujados en el libro. También me ayudaron a fotografiar a su preciosa nieta Cara Rascoe. Ella y su mamá posaron para algunos de los dibujos. Marnie Cochran, responsable de edición, y Fred Francis, responsable de proyectos editoriales, añadieron su magia al libro y le dieron vida. Gracias a los dos por vuestra magnífica colaboración.

Prefacio

Desde que descubrí a Lois Lenski a través de sus preciosos libros infantiles en la biblioteca pública de White Plains en 1954, supe que quería dedicarme a escribir para los niños. Durante el tiempo que pasé en el colegio pude constatar una y otra vez lo efectivo que resultaba un buen instrumento educativo. En 1965 ingresé en la Cornell University para especializarme en desarrollo infantil y estudiar, como asignatura secundaria, técnicas comunicativas. Estos dos objetivos me llevaron al estudio del diseño de materiales educativos infantiles.

Mientras trataba de licenciarme en Ciencias de la Educación, llegué a la convicción de que quería trabajar en el campo del desarrollo de materiales educativos. A pesar de ello, la gente de mi entorno me dio un consejo: «Debes ser profesora antes de poder diseñar un producto para otros profesores. Sólo de este modo podrás comprender sus deseos y sus necesidades». Hice caso del consejo y decidí enseñar a niños de primer grado. Elegí el primer grado porque en 1971 este nivel estaba considerado como el principio del aprendizaje escolar. Quería ser la persona que permitiera a los niños empezar la escuela con buen pie. Encontré materiales excelentes en los colegios donde enseñé pero, cuando debía presentar un tema en particular, como enseñar una técnica concreta de lectura o demostrar algún principio matemático, necesitaba fabricar mi propio material educativo.

Durante los cuatro años que ejercí como profesora, creé numerosos juegos, juguetes y libros para usar en las clases. Los temas de «familiaridad», «repetición» y «empezar por el principio» absorbían mi trabajo. Cuando nació mi hija mayor en 1976, quise dejar de enseñar durante un tiempo y empezar a comercializar parte del material educativo que había creado. Dejé de enseñar, aunque me di cuenta de que, antes de iniciar otros proyectos, tenía mucho que aprender sobre cómo enseñar a mi propio bebé. Encontré libros como *Baby Learning Through Baby Play, How to Raise a Brighter Child, The First Three Years of Life*, y muchos otros más. Aprendí que la «familiaridad», la «repetición» y «empezar por el principio» debían iniciarse antes del primer grado; de hecho, los niños deberían entrar en contacto con estos temas enseguida, durante la primera infancia. Rápidamente empecé a crear con afán juguetes infantiles que fueran divertidos y fomentaran, al mismo tiempo, el aprendizaje de conceptos básicos. Disfruté mucho con este proyecto, y mi hija también; sin embargo, obtuve mi recompensa aproximadamente cuando ésta cumplió 2 años. Por aquel entonces descubrí que conocía todas las letras del abecedario, los números del uno al diez, unos diez colores, las formas básicas y otras cosas más. ¡Podía incluso reconocer palabras enteras y leerlas!

El método que usaba era lo suficientemente sencillo como para que cualquier padre pudiera seguirlo, y beneficiaba a todos los niños. En mi caso, al tener mi hija un diagnóstico de síndrome de Down, los resultados que había obtenido eran más fantásticos aún. Rápidamente, mis amigos del barrio empezaron a percatarse de los avanzados conocimientos de mi hija. Se preguntaban cómo era posible que una niña así supiera tantas cosas, cosas que otros niños de su edad todavía no sabían. Empezaron a venir amigos a casa para ver los juguetes que había hecho y aprender a hacerlos y a usarlos con sus propios hijos. Finalmente, un amigo mío hizo el siguiente comentario: «Si reuniera gente en mi casa, ¿nos darías alguna lección sobre cómo fabricar juguetes educativos para nuestros hijos?». ¡Quién no habría aceptado una propuesta como ésta!

Poco tiempo después empecé a impartir talleres a grupos de padres interesados en el tema. Confeccioné también un manual para adjuntar al curso. Dicho manual pasó por varios avatares, para convertirse, al final, en *50 actividades educativas para desarrollar las habilidades de tu hijo*. Este libro está destinado a padres, cuidadores y maestros de preescolar y es, asimismo, una guía de fácil manejo que introduce al lector en el mundo de los juguetes y del juego del niño desde que nace hasta los tres años de edad. Padres, cuidadores y maestros pueden usar este manual en privado, en clases o en grupos infantiles del barrio.

Las actividades y los juguetes que aparecen en este libro han sido probados y validados por cientos de padres con sus hijos y han representado siempre una oportunidad de interacción padre-hijo provechosa. Estas actividades ofrecen un verdadero apoyo a los esfuerzos de los padres por ofrecer a sus hijos un entorno rico durante una etapa temprana y significativa de su desarrollo, puesto que estimulan especialmente el lenguaje y las habilidades sociales y motrices del pequeño.

Este libro está dividido en tres partes. La primera parte presenta las ideas que es necesario tener en cuenta a la hora de confeccionar los juguetes y de usarlos para jugar con el niño. Estas ideas te ayudarán a seguir de cerca gran parte del juego y a inventar formas nuevas de hacer de tu hogar un lugar propicio para el primer aprendizaje. La segunda parte da instrucciones para la confección y el uso de cincuenta sencillos juguetes de un modo fácil y rápido. Recuerda que son *juguetes familiares*: no te cortes y decóralos como te apetezca. ¡Prepárate para descubrir en ti una vena creativa cuya existencia ignorabas! Finalmente, la tercera parte consta de actividades de seguimiento y un repaso general.

En conjunto, este libro enseña a los padres formas sencillas y efectivas de enriquecer el entorno de sus hijos cada día. Las actividades de este libro reflejan una forma de ver el mundo desde el punto de vista de un niño durante este importante período de su crecimiento y desarrollo. Mi deseo es que una vez hayas probado estas actividades, sientas el impulso de hacer funcionar tu creatividad en otras áreas del juego y del aprendizaje infantil. Cuando empieces a trabajar con los juguetes del libro es probable que se te ocurran otras actividades atractivas para hacer con tu pequeño durante el transcurso normal del día. Te encontrarás contando espontáneamente las cartas que ha repartido el cartero, diciendo los nombres de los animales que veis cuando salís a pasear, desde «bicho pequeño» hasta «pájaro bonito», ¡y muchas otras cosas más!

Muy pronto te darás cuenta de que casi cualquier interacción que tienes con tu pequeño es una oportunidad de ayudarle a aprender algo nuevo sobre su mundo. Las actividades contenidas en este libro te ayudarán a saber usar los conceptos de «familiaridad», «repetición» y «empezar por el principio» con el fin de reforzar el aprendizaje que tu bebé ya está llevando a cabo mediante la observación y la comprobación del mundo que le rodea. A tu bebé le encantará comunicarse contigo de este modo especial, y a ti también.

Introducción

Este libro está escrito para que puedas empezar a usarlo poco tiempo después del nacimiento del niño —¡inmediatamente después, si quieres!— y para que sigas usándolo hasta que alcance los 3 años, aproximadamente. Como las técnicas que describo estimulan el potencial de aprendizaje del niño, pueden interesar de forma especial a los padres de niños con retraso en su desarrollo o con dificultades de aprendizaje.

En estas páginas encontrarás buenas ideas para proporcionar a tu hijo un entorno positivo y enriquecedor desde el primer momento: la clase de entorno que estimula el deseo de aprender y que, al mismo tiempo, hace que ambos os unáis más. Encontrarás actividades estimulantes para que las disfrutéis juntos y juguetes fáciles de hacer, divertidos de usar y eficaces para lograr objetivos educativos concretos. Hay diversas etapas clave en la evolución, de las cuales hablaré someramente. Estas ideas hacen referencia, básicamente, al «juego del niño», pero con una diferencia importante: proporcionan no sólo instrucciones sobre la confección de los juguetes, sino también consejos imprescindibles, detalles y pautas para usarlos a la hora de jugar con tu hijo. Como resultado, el tiempo que pases jugando con tu niño será de lo más lucrativo, ¡tanto para él como para ti!

Un libro para los padres

Este libro es para madres que trabajan tanto en casa como fuera de ella, ¡y para padres también! Tanto si trabajan en casa como fuera de ella, los padres suelen tener poco tiempo libre y un presupuesto limitado. Los juguetes que aprenderás a fabricar con este libro se pueden hacer fácilmente en poco tiempo. Quizás alguna vez has comprado un juguete para tu hijo en una tienda de juguetes y luego te ha decepcionado ver la falta de entusiasmo del niño por éste y te has sentido frustrado al pensar en el tiempo que has perdido buscando algo que no ha causado el efecto esperado. Yo te enseñaré cómo hacer que los juguetes que vas a crear sean lo más divertidos y educativos posible. Asimismo, tu bolsillo no se va a resentir al hacerlos. Para sorpresa tuya, quizá te encuentres con que no necesitas comprar demasiado material para poder hacer juguetes creativos, y que la mayor parte de lo que vas a necesitar lo hallarás en tu propia casa.

Todos los juguetes y actividades lúdicas del libro son para niños de edades comprendidas entre el nacimiento y los 3 años; sin embargo, muchas de ellas seguirán interesando a tu hijo durante algunos años más. Durante el primer año la idea es, simplemente, poner los juguetes donde tu hijo pueda examinarlos fácilmente. Tus explicaciones naturales y tu interacción con el niño para mostrarle el juguete es todo lo se necesita a esta edad. Tu hijo se familiarizará con los juguetes mirándolos y manipulándolos. Durante el segundo año, la curiosidad se apodera del niño mientras explora todo lo que está al alcance de su vista. Verás a tu hijo tomar más iniciativa con los juguetes y jugar con ellos de manera distinta. Durante el tercer año de vida, el niño usa los juguetes con un fin dentro de su juego.

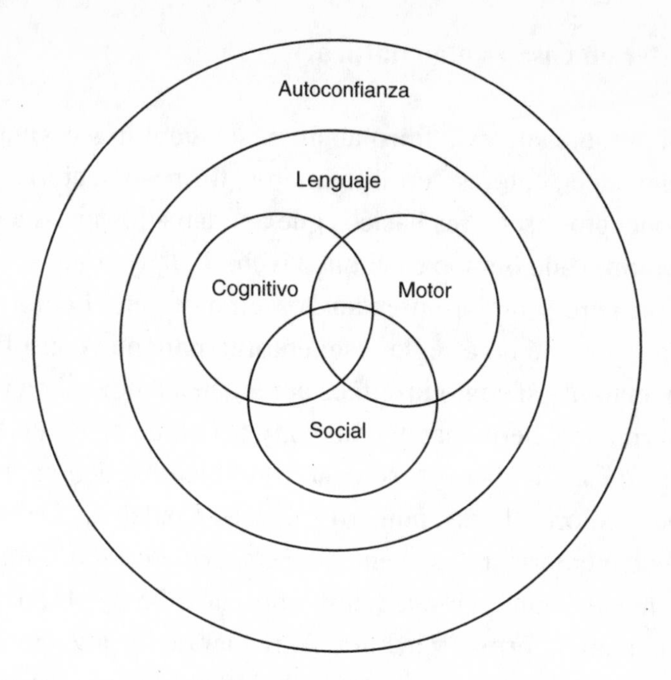

Esquema del desarrollo.

Uno de los aspectos más ricos de este libro es que todas las sugerencias sobre el juego te van a ayudar a desarrollar una relación característica con tu hijo. La relación padre-hijo es la primera y más importante relación que el niño tendrá nunca. Su poder es especialmente grande durante los tres primeros años de vida, y su efecto repercutirá en todas sus relaciones futuras. Al confeccionar tú mismo los juguetes con los que tu hijo juega, das a su juego una dimensión de amor e intimidad superior. Tu amor por el niño se refleja nuevamente en los juguetes que le haces, y este amor se extiende a vuestro juego conjunto.

Aprender en casa es algo natural

Los juguetes de este libro abarcan seis ámbitos específicos: autoconciencia, colores, letras, números, formas y lectura. Se trata de conceptos escolares básicos que ayudan a los niños a entender el complicado mundo en el que viven. Si, tal y como sabemos, donde primero y mejor aprenden los niños es en el entorno doméstico, ¿por qué no arreglar este entorno para que consolide tales conceptos? Así como los niños aprenden a reconocer a sus padres, hermanos, hermanas y amigos, y así como se aprenden los nombres de sus juguetes y peluches, también pueden aprender a reconocer colores, letras, números, formas y palabras. Del mismo modo que memorizan los cuentos de *Caperucita Roja*, *Pinocho* y *La Cenicienta*, también pueden memorizar libros sobre colores, letras, números, formas y lectura. Aprender de los juguetes puede ser algo natural. Aquí encontrarás técnicas probadas y ensayadas.

Autoconciencia

«Decoración personalizada de la habitación» (pág. 124) es una forma de decorar la habitación del niño. En una habitación personalizada el niño encuentra su nombre expuesto, de forma que puede estudiar el modo en que se escribe. Su fotografía cuelga de la pared como recordatorio de su importancia, y se actualiza con frecuencia para mostrar con qué rapidez crece (pág. 125). Después de un tiempo, te darás cuenta de que las fotografías acumuladas muestran una secuencia interesante de acontecimientos. De vez en cuando, quita las fotos de la pared y enséñaselas al niño. Si las dejas sobre una mesa en orden secuencial, tu hijo podrá ver cómo ha crecido desde que era un bebé hasta su talla actual. ¡Menuda confirmación de autoconciencia!

Colores

Este libro contiene una rica selección de juguetes que tratan sobre los colores. Todos se han creado de acuerdo con las distintas formas en las que los bebés y los niños de 1 y 2 años juegan naturalmente. Por ejemplo, todos los bebés juegan con recipientes, que les encanta llenar y vaciar. Ahora tu hijo puede jugar con «Cajas de colores»: recipientes rojos, amarillos, azules y verdes se rellenan con objetos rojos, amarillos, azules y verdes (pág. 134). Estos recipientes pueden ser de distintos tamaños, desde recipientes de ½ l o 1 l, hasta envases de helado de 3 l, y tener la tapa coloreada que tú le hayas puesto. Para los bebés algo mayores, haz un Libro de color para cada color primario (pág. 138). En el «Libro rojo», por ejemplo, las páginas son rojas y hay dibujos de objetos rojos (como una manzana roja), y así con cada color. Las «Tarjetas de colores» dan a los niños pequeños otra oportunidad de pensar en los colores (pág. 141). Las «Tarjetas de colores» enseñan la palabra del color escrita en su color por un lado, y escrita en negro por el otro. Estos juguetes son fáciles de llevar a cualquier sitio donde el niño vaya. Además, cualquiera que las coja para jugar con tu hijo y diga el color, le enseñará y reforzará los conceptos de los colores con facilidad. De los juguetes y actividades sobre colores se habla en el capítulo 8.

Letras

Las letras serán para tu hijo tan divertidas de aprender como los colores, e igual de fáciles. Para cada una de las letras que componen su nombre haz o compra un cojín con la forma de dicha letra. El niño, como si de un peluche se tratara, agarrará y estrujará estos mullidos «cojines en forma de letras» (pág. 162).

También puedes reunir unas cuantas cajas-fichero de oficina y pegar en cada lado una pegatina de una letra (pág. 153). Utiliza estas cajas para guardar juguetes. Puedes usar la letra de la tapa para acordarte de la última caja que has abierto; el hecho de hacer rotar los juguetes mantiene alto el interés del niño. Al jugar el niño con los juguetes y usar repetidamente estas «Cajas de letras», tu hijo se irá familiarizando con las letras. Fabrica «Tarjetas de letras», cuélgalas en sillas altas, perchas o tiradores de las puertas y tendrás otra creativa manera de ayudar al niño a aprender las letras (pág. 148).

Familiarizarse con estas tarjetas es lo mismo que llegar a familiarizarse con cualquier otra cosa. A un niño pequeño no le cuesta aprender a reconocer una «B» más de lo que le cuesta aprender a reconocer una cuchara, un tenedor o una taza, ¡incluso puede ser más fácil! Véase el capítulo 9, «Juguetes basados en letras».

NÚMEROS

Deja que los números se conviertan en algo vivo dentro de tu casa. En primer lugar, búscalos en los envases de productos alimenticios y en los periódicos y las revistas, muéstraselos a tu bebé y nómbralos en voz alta («¡Mira, aquí hay un "nueve"!»). En segundo lugar, cuenta todas y cada una de las cosas: cucharas, vasos de papel, fichas, bolígrafos, lápices, etc. ¡Y no olvides que los diez dedos de las manos y de los pies están siempre al alcance!

FORMAS

Pronto te darás cuenta de que hay formas básicas *por todas partes*. Cuando empieces a ver el mundo en términos de formas, te costará parar. Casi todos tus libros y revistas se convertirán en rectángulos o cuadrados en tu mente. Algo tan sencillo como un pañuelo será un cuadrado, que al doblarlo se convertirá, con suma facilidad, en un triángulo. Los CD serán círculos. Ir a la caza de formas con el niño será muy divertido.

Lectura

¿Se puede realmente enseñar a leer como parte de una rutina del bebé? Te sorprenderá saber que la respuesta es sí. Empieza a leer cosas a tu bebé antes incluso de que pueda sentarse. Contarle un cuento antes de ponerlo a dormir es un buen momento para empezar. Cuando leas, coge al bebé y ve señalando en el libro las palabras con un dedo, mostrándole así desde el principio que esas palabras impresas en la página te están indicando lo que debes decir. Empieza con libros sencillos y cortos, que puedes haber fabricado tú mismo, con un solo dibujo o con un dibujo y una palabra en cada página (pág. 114). Gradualmente introduce dos palabras por página, luego una frase, dos frases, y así sucesivamente. Busca o haz libros con letras grandes para que puedas así reforzar la idea de que las palabras impresas tienen significado (pág. 121).

Estudios recientes demuestran que un bebé puede decir y también leer sus primeras palabras. Cada vez que tu hijo diga una palabra nueva, escríbela con grandes letras en una hoja de papel de libreta o en una ficha de 12 × 20 cm. Enseña la palabra a tu hijo y léesela. Luego, cose o encuaderna cuatro o cinco hojas de éstas para que tu bebé tenga el libro de sus primeras palabras. A medida que el niño vaya ampliando su vocabulario hablado y leído, haz libros nuevos de hasta diez páginas. Puedes incluso ponerles tapa, con la palabra «Libro» escrita en ella, y contratapa.

Tu hijo necesitará estar una, dos o tres veces frente a la misma palabra antes de retenerla como parte de su vocabulario leído. Las palabras de gran interés necesitan menos repeticiones que las que no son tan interesantes para él. A medida que vaya pasando el tiempo, podrás esperar que tu hijo recuerde *todas* las palabras.

Un libro para cuidadores

Si eres un cuidador, verás cómo los juguetes de este libro ofrecen igualmente a los niños que cuidas interesantes oportunidades de juego. También puedes enseñar a los padres de tus niños cómo fabricar juguetes como parte de un taller de estimulación. Piensa en trabajar conjuntamente con los padres pidiéndoles que traigan algunos objetos de su casa que sean necesarios para hacer los juguetes, y dirige entonces un taller con ellos y sus hijos sobre cómo hacer tus propios juguetes.

Enseñar con juguetes en un centro infantil

Si trabajas como cuidador en un centro infantil o guardería, tienes una oportunidad excelente de enseñar con juguetes. La habitación donde trabajas puede que ya contenga muchos juguetes y objetos que enseñen conceptos. Júntalos y clasifícalos. Agrupa los juguetes en función del concepto que enseñan. Un montón de juguetes desorganizados puede confundir y desorientar a los niños pequeños; sin embargo, unos juguetes agrupados por categorías pueden tener mucho significado para ellos. Quizá decidas agrupar los juguetes de acuerdo con los aspectos del desarrollo educativo descritos a continuación.

AUTOCONCIENCIA

Reserva un lugar de la clase para colocar las «Tarjetas de nombres» (pág. 112) de cada uno de los bebés o niños pequeños. Pon en el mismo lugar los libros hechos a mano sobre cada niño titulados «Mi familia» y «Mi historia» (pág. 117). Cuelga, además, la «Decoración personalizada de la habitación» de todos y cada uno de los niños (pág. 124). Pon espejos para que los niños puedan verse reflejados cuando jueguen en esta parte de la clase. Puedes colgar un espejo grande en la pared y dejar al alcance de los niños espejos de mano irrompibles. Esta zona es un lugar magnífico para colgar la «Bolsa de los juguetes» de cada bebé o niño (pág. 132). Los niños pueden meter en su bolsa de los juguetes sus propios juguetes, evitando así que se mezclen con los juguetes de otros niños. Esto además enseña a los pequeños que cada cosa pertenece a un lugar concreto y que hay que volver a dejar las cosas en su sitio. Véase el capítulo 7 para más información y dibujos relacionados con este tipo de juguetes.

COLORES

Seguro que despertarás interés cuando asignes una zona concreta de la habitación a los colores. ¡Da rienda suelta a tu creatividad! Busca cajones de plástico de diferentes colores y guarda en ellos juguetes de su mismo color. Pon estanterías y coloca en ellas las «Cajas de colores», los «Libros de colores» y las «Tarjetas de colores» (págs. 134, 138 y 141). Cuelga en el tablón de anuncios dibujos de colores y también objetos de colores como cacharritos de plástico o platos y vasos de papel.

¿Por qué no eliges algunos días para que los niños se vistan del «Color del día»? También pueden llevar a clase objetos de ese color. Un cuidador puede vestirse de dicho color e ir señalando a lo largo del día objetos que reflejen el color elegido. Los días de color dan bastantes motivos a los padres, cuidadores y niños para hablar mientras colaboran para crear un efecto uniforme de color.

Letras

Los juguetes de letras se prestan muy bien a estar en lugares concretos de la habitación. Las perchas para los abrigos son excelentes para colgar las «Tarjetas de letras» (pág. 148). Las «Cajas de letras para jugar» (pág. 153) permiten guardar dichos objetos de otra forma, esta vez en función de la letra con la que empieza el nombre del juguete. También permiten la rotación natural de los juguetes. («Hoy vamos a jugar con juguetes que empiecen con la letra "M" como "muñeca".») Los niños pueden jugar con los «Cuadernos de letras» guardados en una estantería baja, que se halla en una zona de la clase reservada para las letras y atractivamente decorada (pág. 159). Guarda todos los cubos del abecedario en esta parte de la clase y cuelga en la pared, de forma que se vean bien, los cojines de letras. Ponlos siguiendo un orden alfabético, o bien formando palabras o los nombres de los niños. Varía estas combinaciones tanto como desees. A los niños pequeños les encanta escribir sus nombres con estos cojines de letras. Remítete al capítulo 9 para más ideas relacionadas con los juguetes de letras.

NÚMEROS

Los juguetes de números son libros y fichas. Son fáciles de guardar en una estantería baja. Lo bonito de los «Libros de números» es que están hechos para usarlos de uno en uno (pág. 170). La ventaja de las fichas es que también se pueden usar una por una (pág. 173). Estos juguetes son sumamente sencillos de hacer y, juntamente con el resto de actividades del capítulo 10, son muy eficaces para enseñar a los niños a reconocer y entender los números.

FORMAS

Hacer una sección de juguetes de formas puede ser provechoso. Los padres pueden hacer con sus hijos «Libros de formas» y llevarlos a la guardería o centro infantil (pág. 190). Invítalos también a fabricar «Cajas con formas» (pág. 193). Apila los «Puzzles de palabras» (pág. 223) y deja cerca los «Asientos de formas» (pág. 200). Éstos pueden ser un complemento atractivo para la actividad del «Color del día». En el capítulo 11 están las ilustraciones de estos juguetes y su descripción.

LECTURA

Una zona destinada a la lectura es imprescindible en todo centro infantil. Esta zona debería contar con una pequeña biblioteca y un lugar cómodo para leer. No hay un modo concreto según el cual esto se deba organizar, puesto que depende de los recursos del centro y de las posibilidades de la habitación. El mobiliario de esta zona puede estar formado por asientos del tipo saco, alfombras, un sofá o una silla cómoda y otros complementos alegres pero relajantes. Además de libros de lectura normales, también puedes crear una sugerente colección de libros hechos a mano. Los «Libros de palabras» pueden estar en esta zona (pág. 208), así como la «Libreta de palabras» de cada niño (pág. 211). Otros complementos que también encajan bien en esta sección son el «Libro de las categorías» y el «Fichero de tarjetas de palabras» para jugar (págs. 214 y 239). Véase el capítulo 12 para más ideas relacionadas con la confección de juguetes que favorecen la lectura.

Los juguetes personalizados, tanto si se hacen en casa como en un centro infantil, proporcionan a los bebés y a los niños pequeños experiencias educativas muy significativas. Enseñar en un ambiente relajado y haciendo uso de una variedad de objetos caseros simples pero interesantes acelera el aprendizaje de los niños. Cuidar y dar una sensación de orden y de control sobre todos los juguetes establece un entorno propicio para aprender.

PRIMERA PARTE

Enseñar con juguetes

1

Juguetes, juego y aprendizaje

Los cinco sentidos

Todos los humanos conectamos con el mundo a través de nuestros cinco sentidos, primero en la infancia y después a lo largo de toda nuestra vida. Tu hijo está ahora mismo usando estas herramientas para conocer al máximo el mundo que le rodea. Al principio, los más importantes son la vista, el oído, el gusto y el olfato. Poco después, a medida que el niño empieza a coger y manipular objetos, el tacto también es muy importante. Así pues, cuando confecciones juguetes para tu hijo, dirígelos a uno o más de los cinco sentidos. Como el gusto y el olfato quedan cubiertos por la comida, concéntrate en actividades relacionadas con la vista, el oído y el tacto. «¿Tiene el bebé algo para ver, oír o tocar?» es una buena pregunta que tienes que tener en mente cuando se trate de evaluar el juego del bebé. Si ves al bebé mirar las paredes desnudas de la cuna o del cuco, cuelga un móvil por encima y a su alcance o pon en los laterales de la cuna dibujos de colores alegres. Las portadas de las revistas son una fuente excelente de diseños llamativos y de rostros grandes y expresivos. Incluso el bebé más pequeño puede divertirse viendo fotografías. (A pesar de esto, deja de hacerlo cuando el bebé sea ya capaz de morder las hojas.)

BEBÉ

«¿Tiene el bebé algo para ver, oír o tocar?» es una buena pregunta que tienes que tener en mente cuando se trate de evaluar el juego del bebé.

Buscar y confeccionar juguetes

Una forma eficaz de animar a un bebé a conocer su entorno consiste en modificarlo con cierta frecuencia de un modo interesante. Los juguetes desempeñan un importante papel en la consecución de este objetivo, aunque para cumplir con su finalidad no tienen por qué ser caros ni tener infinidad de adornos, como muchos de los juguetes que se venden en las tiendas. Te sorprenderá ver la cantidad de objetos de casa que, sin modificación alguna, son para el niño juguetes magníficos.

La clave para elegir y hacer juguetes para un bebé es tener presente que lo que más le gusta es que haya variedad a su alrededor. Si el bebé está en el parque rodeado de grandes juguetes de plástico, dale algunos objetos pequeños y con textura para que pueda alternar con los grandes. Puedes acercarle, por ejemplo, una bolsa de malla de las que se usan para vender naranjas o pomelos. (No te olvides de cortar la grapa que hay al fondo.) A los deditos del niño les encantará la textura. No es probable que el niño intente tragarse la malla, pero, por si acaso, no lo dejes con ella a solas. He aquí otros objetos ligeros que les gustan mucho a los bebés:

- tazas de plástico para medir (divertidas para apilar y meter unas dentro de otras);
- una cinta de tela resistente (como el gro), de 15 a 30 cm de longitud y anudada por ambos extremos para que no se deshaga (divertida para tirar de ella y hacer que ondule);
- pompones suaves de lana (¡tienen un tacto tan agradable!);
- recipientes de plástico pequeños (adecuados para apilar y abrir);
- papel (a los bebés les encanta el ruido que hace el papel cuando se arruga).

La lista es casi infinita. Abre la despensa y los armarios y empieza a buscar. Algunos objetos de casa son adecuados para usarlos tal y como son, pero otros se pueden modificar ligeramente para enseñar algún aspecto educativo concreto. Podrás hacer todo tipo de juguetes adecuados para bebés y niños pequeños usando los objetos de casa más sencillos y algunos materiales para cortar y pegar. También puedes comprar materiales adicionales para hacer otros juguetes en droguerías, tiendas de material de oficina y tiendas con ofertas o de todo a 1 euro. No te olvides nunca de comprobar que la pieza que has comprado o el juguete que has confeccionado es seguro para el bebé. A continuación vamos a hablar de las medidas de seguridad más importantes.

¡La seguridad es lo primero!

Antes de dar al niño un juguete o de iniciar un juego, ponte primero tus «gafas de seguridad» y comprueba que nada de lo que das a tu hijo puede hacerle daño. He aquí algunas precauciones importantes:

- Comprueba que el juguete no tenga piezas pequeñas que el niño pueda arrancar y tragarse (como botones que hacen la función de ojos en peluches o muñecas de trapo), ni bordes afilados, ni cordones lo suficientemente largos como para que se los pueda poner alrededor del cuello.
- Comprueba que no tenga grapas al descubierto ni contenga tintes o pegamentos tóxicos.
- No dejes que el niño muerda folios, papel para envolver u hojas de revista. Pregúntate si el bebé puede, de algún modo, morder un juguete hecho con tales materiales. Si es así, no se lo des.

- Para hacer más seguro el juguete y más duradero, fórralo con papel adhesivo transparente o plastifícalo. Cubre las fotografías, de las que tantas veces hablo en este libro, con papel adhesivo (como el papel transparente de cualquier marca comercial) o plastifícalo para que los productos químicos presentes, como los que hay al fondo de algunas marcas de películas de revelado instantáneo, no puedan salir.
- Utiliza siempre rotuladores no tóxicos.
- Revisa los juguetes de vez en cuando en busca de signos de uso. Siempre que des al niño un juguete, revísalo antes minuciosamente para ver si tiene alguna pieza rota o estropeada. ¿Tiene ahora algún borde afilado? ¿Se le ha levantado la cubierta protectora laminada? Quizá sea hora de apartar el juguete de la circulación.

Aprendizaje interactivo

Este libro sirve como guía de referencia para los padres y cuidadores de niños con edades comprendidas entre los 0 y los 3 años. Enseña a proporcionar a los pequeños estimulación académica antes de iniciar sus cursos preescolares. Aunque se pueda pensar que los juguetes están centrados, básicamente, en aspectos académicos (habilidades mentales), sus formas interactivas de uso ofrecen muchas oportunidades para fomentar también el desarrollo del niño en otros campos: de la motricidad, social, del lenguaje y de la autoconfianza.

El hecho de aprender jugando convierte el juego en una experiencia enriquecedora. Los juguetes y actividades de este libro tienen el propósito de no modificar el juego del niño o hacer que emplee más tiempo en «lecciones». Por el contrario, al niño le resulta simplemente divertido jugar con estos juguetes, con el beneficio añadido de que le guían hacia la comprensión de algunos conceptos básicos. Una vez hecha y comprendida esta distinción, la pregunta de «¿Por qué enseñar al bebé ciertas habilidades académicas?» se convierte en «¿Por qué no?». Las seis categorías conceptuales básicas de autoconciencia, colores, letras, números, formas y lectura se pueden introducir tan pronto como se desee y consolidar a través de numerosas e interesantes formas a medida que el bebé crece.

A lo largo de todo el libro, aprenderás cómo hacer juguetes que favorezcan la temprana comprensión de estas seis categorías por parte del bebé. Lógicamente, los bebés utilizarán los juguetes de una forma y los niños pequeños de otra. Contrariamente a los juguetes comerciales, ¡los juguetes versátiles que tú harás mantendrán el interés del niño a medida que éste crezca! Estos juguetes se harán muy familiares para el niño, puesto que los usará repetidamente. Como ya sabemos, la familiaridad y la repetición son fundamentales para que se dé un aprendizaje precoz y efectivo.

En la sociedad tecnológica actual, los ordenadores se han convertido en una parte importante del mundo del juego y el aprendizaje, incluso de los niños más pequeños. Todos los tipos de actividades y juegos informáticos pueden mantener a los niños ocupados durante mucho tiempo. Muchas de estas actividades informáticas son educativas. En los tiempos que corren, es habitual comparar estas astutas e innovadoras actividades con los sencillos juegos y actividades que los padres han usado para interactuar con sus hijos durante cientos de años. Muchos padres se preguntan: ¿deben los juegos de ordenador reemplazar a las actividades caseras y más sosegadas con las que crecimos? ¿Es esto lo mejor para nuestros hijos?, ¿les ayuda a prepararse para un futuro que cambia a gran velocidad? Lo cierto es que, en lo que atañe al desarrollo en la primera infancia, las viejas técnicas posiblemente sean las mejores. Veamos por qué.

Aprender es una actividad compleja y, particularmente en la primera infancia, el aprendizaje real requiere de la entrada de datos procedentes de cinco ámbitos distintos del desarrollo: el cognitivo, el motor, el social, el del lenguaje y el de la autoconfianza. Cada uno de ellos es tan importante como los demás, tal y como se observa en la ilustración de la página 19. Como veremos a continuación, los juegos de ordenador para jugar y aprender, aunque adecuados a veces, no pueden sustituir las distintas experiencias que un padre puede proporcionar a su hijo. La interacción en estos campos, por muy sencilla que sea, es muy importante para el niño. Examinemos uno por uno los distintos ámbitos.

Los cinco ámbitos del aprendizaje

Desarrollo cognitivo: todo sobre el aprendizaje. El aprendizaje se basa en lo que el *propio* niño experimenta. Los investigadores de este ámbito dicen que las personas tendemos a recordar el 10 % de lo que oímos, el 50 % de lo que vemos y el 90 % de lo que hacemos. Los niños tienen una curiosidad innata que los lleva a explorar el mundo que les rodea usando sus sentidos —oído, vista, gusto, olfato y tacto—. Asimilan los conceptos de *grande y pequeño, pesado y ligero, encima y debajo*, y otros a través de lo que realmente ven, oyen, tocan, saborean y huelen.

El niño que pasa mucho tiempo delante de un ordenador personal tiende a apoyarse en su sentido de la vista a expensas de los otros sentidos. A un niño de muy corta edad, un paseo corto por el parque con su padre le proporciona mucha más información sensorial que una tarde entera delante de la pantalla de un ordenador. Los juguetes de este libro ofrecerán a tu hijo, además, numerosas oportunidades para mirar, tocar, oler y escuchar cuando juguéis los dos juntos.

Desarrollo motor: todo sobre el movimiento. El desarrollo motor hace referencia al desarrollo del movimiento coordinado del cuerpo, particularmente de los brazos y las piernas («habilidades de motricidad gruesa») y de las manos y los dedos («habilidades de motricidad fina»). Todo desarrollo se produce siguiendo una secuencia. Cuando a un bebé o a un niño pequeño se le permite jugar en lugares grandes y abiertos, el desarrollo de su motricidad gruesa evolucionará con rapidez según un modelo secuencial y predecible. Cuando a un bebé no se le dan oportunidades adecuadas para gatear, caminar, correr y saltar, estos hitos de su desarrollo motor tardarán más en producirse. El desarrollo de la motricidad fina sigue el mismo principio. Cuantas más oportunidades tiene un niño para usar sus manos y manipular objetos con sus dedos, más rápidamente se desarrolla su motricidad fina. Arcilla, masilla o plastilina, clavijas y tablas para introducirlas, lápices, cubos, rotuladores y, finalmente, tijeras son materiales que sirven para fortalecer y desarrollar los grupos de pequeños músculos de las manos. Sin este tipo de experiencias, el desarrollo de la motricidad fina del niño se retrasará. El niño que se pasa mucho rato delante de un ordenador no aprovechará un momento de su vida muy apropiado para explorar el mundo que le rodea a través del juego físico. Estará mucho tiempo sentado y hará uso de ciertas habilidades motrices finas al actuar sobre el teclado o usar el mando; sin embargo, estos movimientos serán bastante limitados y repetitivos. No gozará de un tiempo que debería haber dedicado a jugar con juguetes que complacieran a sus sentidos, desde suaves peluches hasta toscos cubos de madera y las páginas almidonadas de su propio y personal libro de cuentos.

Desarrollo social: todo sobre las relaciones humanas. La familia es el lugar de entrenamiento para todas las relaciones futuras del niño y es su más importante apoyo durante sus cinco primeros años de vida. Como es de esperar, la primera y más importante relación que establece el bebé es la relación padre/madre-hijo. Las siguientes relaciones importantes para el desarrollo social del bebé son las que establece con sus abuelos, seguidas por las que establece con sus hermanos y hermanas. Después de la familia más recercana, tíos/tías y primos/primas también ofrecen al bebé relaciones tempranas y significativas y, asimismo, los amigos íntimos de la familia. Puedes comparar estas relaciones con los círculos expansivos que se originan al tirar una piedra a un estanque. Los círculos más próximos al centro son los más importantes; sin embargo, el cuadro lo forman todos los círculos juntos. Incluso para los bebés, jugar con el ordenador es mucho más una experiencia solitaria que social. Un ordenador responde tal y como está programado para responder, ni más ni menos. Obviamente, no puede establecer una relación gratificante con el niño.

Lenguaje: todo sobre la comunicación. El objetivo del lenguaje es emitir un mensaje. El objetivo de enviar un mensaje es provocar una reacción. El objetivo de la reacción es comunicar otro mensaje. La persona que emite el mensaje utiliza un *lenguaje expresivo;* la persona que recibe el mensaje responde utilizando un *lenguaje receptivo.* A medida que crecen, los niños necesitan numerosas y amplias oportunidades para hablar (uso de lenguaje expresivo), escuchar (uso de lenguaje receptivo), escribir (uso de lenguaje expresivo) y leer (uso de lenguaje receptivo). Los colegios, hoy en día, ponen mucha atención en la lectura, aunque las habilidades de hablar, escuchar y escribir deben tener también un importante papel en el programa escolar de los niños pequeños. Dar a tu hijo muchas oportunidades para estar con otros niños en un entorno educativo y solidario es una forma excelente de lograr estos objetivos. La televisión, el vídeo y el cine emiten lenguaje a mansalva, pero no dan cabida a que se produzcan respuestas ni interacción. Los ordenadores son, además, menos educativos como instrumento comunicativo de lo que parece a primera vista. Aunque dejan espacio para las respuestas e interacción controlada, limitan al joven usuario a una exclusiva y limitada comunicación visual. Por otro lado, la interacción con una máquina hace un vacío a la experiencia personal y emocional que tan fundamental es para el desarrollo humano normal, especialmente en la primera infancia: ¡las máquinas no te miran a los ojos, ni te acarician el brazo con cariño, ni te sonríen! Las respuestas y expresiones humanas son los componentes imprescindibles que hacen del hablar, escuchar, escribir y leer procesos *interactivos* básicos. Jugar con un niño es la forma más natural del mundo de potenciar sus habilidades comunicativas.

Autoconfianza: todo sobre el sentimiento de valía personal. Los padres son la clave del sentimiento de valía personal del niño, sentimiento que se desarrolla casi por completo durante los primeros años de vida. Contrariamente a un ordenador, un padre puede ayudar a instaurar en su hijo una sana autoconfianza teniendo en cuenta lo siguiente:

- Mostrar respeto y aprecio. Mostramos respeto cuando usamos la expresión «por favor». En vez de soltar imperativos como «Quita eso de ahí», di: «Por favor, pon eso en su sitio». No olvides agradecer a tu hijo los esfuerzos que hace por complacerte diciéndole «Gracias».
- Hacer comentarios sobre su singularidad. Cada persona que nace es única. Como padre, tienes el privilegio de presenciar el desarrollo de la individualidad de tu hijo. No te olvi-

des, ni un solo día, de destacar las cualidades especiales del niño. Házselas ver sin ningún miedo.
- Corregir amablemente el comportamiento incorrecto. En tu vocabulario, cambia «mal comportamiento» por «comportamiento incorrecto». Trata las conductas sociales erróneas del niño como simples deslices y no como provocaciones intencionadas. Los deslices son, sencillamente, oportunidades disfrazadas: revisa calmadamente lo que ha pasado y por qué. Si el niño es muy pequeño, quizá prefieras modificar ligeramente el entorno para evitar que el problema se repita. Si el niño es lo suficientemente mayor como para comprender, enséñale qué puede hacer para no volver a cometer el mismo desliz.

Un ordenador *puede* desempeñar un papel limitado pero útil en cada uno de los ámbitos del desarrollo descritos. Te recomiendo que establezcas un «tiempo de ordenador» para el niño con un objetivo concreto en mente: ¿qué es lo que quieres conseguir durante este rato con tu hijo? Por ejemplo, si pretendes enseñarle los colores, la mejor forma de hacerlo es mediante experiencias prácticas como las que aparecen en este libro, que se sirven de cajas de colores, libros de colores y tarjetas de colores, y no mediante el ordenador. Para enseñarle a leer, por el contrario, puede ser magnífico jugar con el ordenador debido a la cantidad de software apto para reforzar la lectura. En cada caso, analiza de forma realista lo que jugar con el ordenador podrá o no podrá hacer por el desarrollo de tu hijo. Haz que el ordenador sea un complemento de tu juego interactivo con el niño, y no un sustituto de éste. Si eliges cuidadosamente cuándo y cómo usar el ordenador con el niño, no te equivocarás. Jugar con el

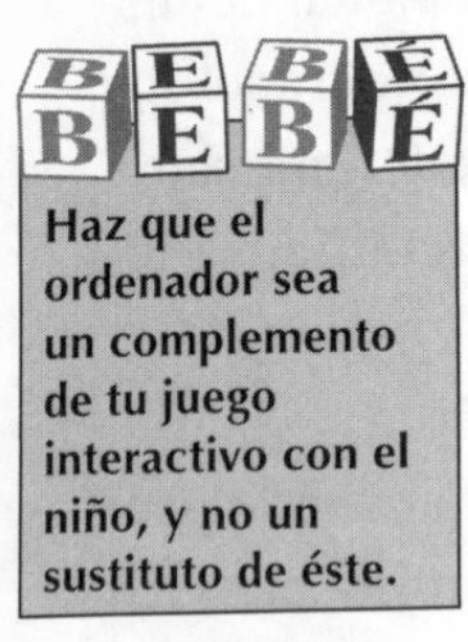

ordenador puede reforzar muchos aspectos educativos, pero, por lo general, no es tan efectivo como otros tipos de actividades más interactivas, puesto que la interacción del niño con otra persona (¡tú!) refuerza el aprendizaje que se está produciendo. No hay nada que sustituya la relación padre-hijo ni las actividades y juguetes con los que un niño puede sumergirse con todos sus sentidos. Este tipo de actividades enriquecedoras son la base de este libro.

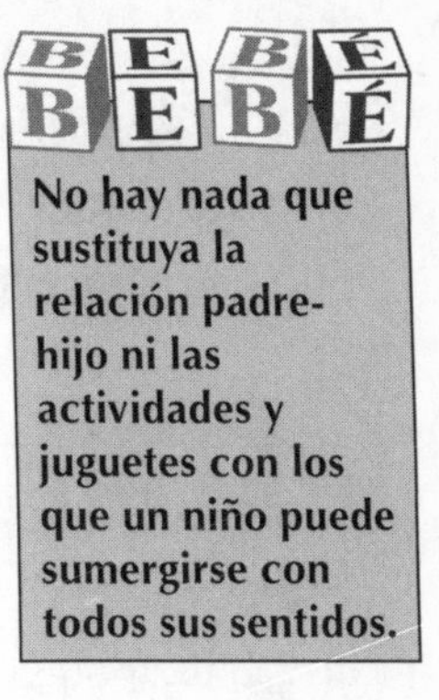

Aprendizaje

Los cinco primeros años de vida se llaman a menudo los años del desarrollo. Dejemos esto claro: el desarrollo no es algo que se pueda enseñar a un niño. Sin embargo, casi todo el mundo puede *facilitar* el desarrollo de un niño; es decir, maximizar su potencial de ser todo lo que puede llegar a ser. El desarrollo tiene lugar en cinco ámbitos: cognitivo, motor, social, del lenguaje y de la autoconfianza (véase la ilustración de pág. 19).

Todos los niños pasan por las mismas etapas evolutivas más o menos en el mismo orden. La única diferencia es que un entorno inadecuado puede hacer más lento el desarrollo del niño, mientras que un entorno propicio puede acelerarlo. Se suele decir que cada persona es distinta. Cada persona tiene una composición genética única y un perfil único de salud que interactúan con una serie de experiencias personales igualmente únicas. Uno de los placeres de la vida es ver, durante los primeros cinco años, especialmente durante los tres primeros años, cómo tu hijo pasa de ser un minúsculo bebé a convertirse en un individuo que camina, habla, piensa y participa en la vida de un modo funcional.

Parte de este placer consiste en facilitar este proceso en la medida de lo posible.

Aprender es algo intrínseco al desarrollo. Se produce en el niño cada uno de los minutos que pasa despierto. El cerebro «graba unos 85 millones de unidades de información cada día» (Rick, pág. 26). A medida que el bebé ve, oye, toca, saborea y huele el mundo que le rodea se crean nuevas conexiones y empieza a comprender relaciones a partir de esta información que los padres le van facilitando. Puesto que el aprendizaje se produce, enseñar no es el problema. Como no puedes impedirlo, lo más razonable es que intervengas para apoyarlo. Puedes proporcionar a tu hijo un entorno positivo lleno de experiencias útiles con el fin de satisfacer su deseo de aprender.

Aprendizaje individualizado y no estructurado

La mayor parte de las actividades que encontrarás en este libro no tienen fecha de caducidad. No hay una edad concreta a la cual se deba empezar a utilizar dichas actividades, ni tampoco una edad concreta a la cual el juguete queda obsoleto para el niño entre los 0 y los 3 años de edad. Utiliza los juguetes y actividades sugeridas en el libro en cualquier momento durante el transcurso de estos años de formación del modo en el que tu hijo te guíe. Sabrás mejor que nadie qué juguetes le atraen más y cuándo. A medida que leas las actividades de este libro, quizá te encuentres diciéndote a ti mismo: «Esto le iría perfectamente a mi hijo en este momento», o «Creo que voy a probar esto en uno o dos meses». No existen reglas estrictas para probar estas actividades. Es posible que incluso se te ocurran formas de modificar algunas de las actividades que aquí se presentan para que gusten a tu hijo todavía más. Cada personalidad es distinta, y distinto es el proceso de aprendizaje para cada niño.

Con los juguetes educativos que se describen en este libro, los niños pequeños aprenden, antes de los 3 años, a tomar conciencia de ellos mismos, a distinguir colores, letras, números y formas, a leer un poco, y a otras cosas. Muchos niños empiezan el preescolar a los 3 años sin tener asimilados estos conceptos. Muchos niños de 6 años empiezan la educación primaria sin estos conocimientos básicos, lo que hace que no estén lo que nosotros llamamos «preparados para el colegio». Esto es una lástima, ya que todo el aprendizaje que puede darse desde el nacimiento hasta los 3 años no requiere de largas horas de trabajo, lo cual sería duro tanto para los niños como para los padres y, ciertamente, poco recomendable. Por el contrario, este aprendizaje precoz es el resultado directo de jugar con el niño con juguetes interesantes, atractivos y creativos que estimulan su curiosidad y su deseo de experimentar.

Tiempo libre

Un deseo innato de aprender, llámalo curiosidad, motiva a tu hijo a jugar y a experimentar su mundo y a intentar conocerlo al máximo. Para tu pequeño es esencial disponer de tiempo libre —condición natural para el aprendizaje precoz—. Este tiempo se enriquece con el juego espontáneo. Sólo con que te mantengas a disposición del bebé y le ofrezcas tu tiempo y atención, ¡tu hijo sabrá perfectamente lo que puede hacer para no aburrirse! Es bonito saber que puedes dejar que suceda cualquier cosa. Así como no hay un reglamento oficial para ser padre, puesto que la naturaleza te dota del conocimiento necesario para cuidar de tus pequeños, tampoco hay un reglamento oficial para los niños. ¿Te acuerdas de cuando eras un niño? Igual que tú, también tu hijo sabe qué hacer.

Familia

Para tu hijo es provechoso estar contigo dándole tú la oportunidad de realizar muchas y diferentes experiencias y actividades. Todas las experiencias positivas desempeñan un papel en el aprendizaje y desarrollo de tu hijo. Sin embargo, las interacciones de tú a tú no son las únicas que necesita el bebé. La familia próxima también desempeña un papel fundamental en el desarrollo del niño. Los expertos recomiendan que la familia pase el máximo de tiempo posible junta. Un modo de hacer esto es procurando compartir todos juntos una comida al día como mínimo.

Por otro lado, no es necesario que el tiempo que la familia pasa junta esté estructurado de un modo especial constantemente. Para los miembros de la familia estar todos juntos es beneficioso, aunque cada uno realice individualmente una actividad. Por ejem-

Figura 1.1. Estar sencillamente juntos.

Figura 1.2. Padre e hijo se divierten.

plo, la familia puede estar reunida en el salón de forma que el padre juegue un solitario en la mesa, la madre lea un cuento al bebé sentada en el sofá y el niño y la niña jueguen a algo en el suelo.

¿Por qué es tan importante estar juntos como familia? Los miembros de una familia cuidan, literalmente, unos de otros. La vida está llena de dificultades, y siempre es necesario luchar para que la familia tenga la comida, ropa, refugio y protección adecuados.

Este grupo de personas necesita saber muy bien quiénes son y qué significan unas para las otras. Las relaciones familiares, no siempre fáciles, son el campo de entrenamiento para todas las relaciones futuras. Para los niños es importante que, desde su nacimiento hasta los 5 años, y sobre todo desde su nacimiento hasta los 3, dispongan de tiempo suficiente para relacionarse con otra gente y desarrollar estas habilidades interpersonales tan esenciales.

A medida que tu familia crezca y compartáis experiencias los unos con los otros, recuerda que todos sois únicos y diferentes.

Que todos tenéis vuestras preferencias y aversiones. Que todos tenéis facilidad para ciertas cosas pero no para otras. En esto reside la belleza de ser quienes sois en este momento y de ser las personas en las que os convertiréis el día de mañana.

Existen dos círculos centrales de relaciones que ayudan a proteger a nuestros hijos. El primero es la familia inmediata —padres, abuelos, hermanos y hermanas—. Luego viene la familia extensa formada por tíos, tías, primos y primas. Si el niño goza de unas experiencias significativas e instructivas con los miembros de su familia, obtiene la orientación necesaria para valerse por sí solo en el colegio, en la comunidad y en sus relaciones sociales. La familia es un sistema funcional de gente que trabaja unida. Si un miembro tiene un problema, la unidad entera tiene el problema, y la unidad entera necesita trabajar unida para ayudar a ese miembro.

Por otro lado, estas experiencias protectoras perdurarán en tu hijo toda su vida. Cuando vaya al colegio o al instituto y no pueda estar físicamente con los suyos muchas horas al día, guardará el impacto de estas tempranas experiencias familiares. Dichas experiencias subsistirán en el niño durante toda su vida de una forma simbólica, proporcionándole siempre apoyo y protección.

El hogar

El poder de los padres

«Tu casa está donde está tu corazón.» La atmósfera que crees en tu casa acompañará a tus hijos durante toda su vida. Tu forma de expresar dicha atmósfera es ejerciendo de padre/madre. Tienes un gran poder. Eres el modelo de conducta más importante que tus hijos conocerán nunca. Y lo que es más significativo todavía, lo que piensas de tus hijos en un futuro les dirá lo que ellos pensarán de *sí mismos*. Puedes mandar este mensaje sutil o descaradamente a tus hijos, pero si tú lo mandas, ellos lo reciben. ¡Procura, pues, que el mensaje sea positivo!

Sabiendo lo importante que es tu vida familiar, quizá quieras crear una declaración de objetivos para tu familia y exhibirla con orgullo. Muchas empresas establecen declaraciones de objetivos como una forma de contar a los demás y a ellos mismos quiénes son, cuál es la visión que tienen de su empresa y qué van a hacer para lograr unos objetivos que refuercen esa visión. Las declaraciones de objetivos suelen estar a la vista para que cualquier persona de la empresa o de fuera de ella pueda leerlas.

Una declaración de objetivos familiar puede ser igual de poderosa. Puede incluir pensamientos relacionados con el hecho de ser una familia buena y positiva en la que cada miembro lleva una vida sana. Puede decir que el comportamiento cortés y la integridad son aspectos prioritarios en la familia. Puede decir lo que tú quieres que diga sobre cómo quieres que sea tu familia. Utilízala un día tras otro a modo de guía para cada miembro de la familia.

Crear una declaración de objetivos lleva su tiempo. Es posible que necesites hacer varios borradores antes de decidirte por la descripción más adecuada para tu familia. Cuando la termines, colócala en un lugar de la casa donde todo el mundo pueda verla sin problemas. A lo mejor te parece bien ponerla donde tú y otros miembros de la familia podáis añadir otros mensajes motivadores. El objetivo de esta declaración de objetivos es dar a conocer a la toda la familia una visión de futuro, de forma que todos puedan esforzarse por conseguirla. Es difícil llegar a «un lugar determinado» si no sabes «exactamente hacia dónde te diriges». Una buena declaración de objetivos proporciona el mapa necesario.

El poder de los tres primeros años

En 1975, Burton White, profesor de la Universidad de Harvard, declaró en su famoso libro, *Los tres primeros años de su hijo*, que si un niño se desarrolla correctamente en todos los ámbitos —cognitivo, motor, social, del lenguaje y de la autoconfianza— antes de los 3 años, tiene una probabilidad mucho mayor que otros niños de su edad de tener éxito en el colegio a los 6. White corroboró esta declaración con los resultados de sus investigaciones. Descubrió que los niños necesitan experiencias de buena calidad para desarrollarse correctamente. Las experiencias de buena calidad están llenas de amor, orientación, apoyo, protección y estimulación educativa. La consecuencia lógica de este importante descubrimiento es dar a los padres la información necesaria para poder ofrecer estas experiencias a sus hijos. Desde 1975, año en el que se dieron a conocer los hallazgos de White, los padres han tenido, en el mejor de los casos, un acceso limitado a dicha información. Desgraciadamente, todavía no hay un programa nacional coordinado que llegue a todos los padres e hijos para darles la información que necesitan y los recursos que les ayuden a hacer uso de ella.

En 1994, la Carnegie Commission finalizó un estudio de un coste multimillonario destinado a descubrir algunas de las razones por las que Estados Unidos sufre tanto crimen y violencia. De acuerdo con el informe de la comisión, lo que le pasa a un niño durante sus tres primeros años de vida puede ser la clave para desarrollar posteriormente una propensión al crimen y la violencia. Se puede concluir, pues, que muchos de los niños que no reciben amor, orientación, apoyo y protección durante sus tres primeros años de vida, más tarde caen en el crimen y la violencia. Está claro, pues, que existe la necesidad de dar a los niños nacidos en cualquier país las mejores experiencias desde que nacen hasta los 3 años.

El objetivo de este libro es proporcionar a los bebés experiencias de gran calidad a un nivel práctico asequible para cualquier padre o cuidador. Da a los padres unas pautas generales, así como algunas sugerencias sobre cómo materializarlas. La idea es usar materiales sencillos como tijeras, papel, fichas, lápices, rotuladores y recipientes de plástico y transformarlos en juguetes cuyo uso sea divertido. Este libro es interactivo en el mejor de los sentidos: los padres quieren usar los juguetes por la creatividad que han derrochado en ellos, y a los hijos les gustan los juguetes porque sus padres los usan para estar más rato jugando con ellos. Espero que saques provecho de este libro y que lo compartas con gente que también pueda sacar provecho de él.

El fruto de la investigación

Gracias a los estudios a largo plazo iniciados hace más de cincuenta años en la Universidad de Harvard por Burton White, director del conocido Pre-School Project de Harvard, actualmente sabemos muy bien cuáles son las mejores formas de tratar a los bebés y a los niños pequeños. Los treinta años que White dedicó a la investigación, que se prolongó hasta 1975, nos han dado la información que necesitábamos para dar a los bebés el mejor comienzo posible en la vida. De White es el descubrimiento de que los bebés sonríen ante el rostro humano o cosas que se le parezcan. Durante las seis primeras semanas de vida, y quizá tan pronto como durante la primera semana, el bebé mira a los ojos de la persona que le sostiene e incluso a los ojos del dibujo de un rostro humano. Desde que nace, el bebé quiere mirar la cara de su madre tanto como puede. Gracias a este hallazgo, sabemos lo importante que es que los padres estén a disposición de sus hijos tanto como sea posible durante los primeros años. Desde que se publicó su libro en 1975, otros investigadores se han basado en el importante trabajo de White para ofrecernos más información sobre cómo los bebés conocen el mundo que los rodea.

En este libro encontrarás muchas referencias bibliográficas. De todos modos, recuerda que los padres han criado a sus hijos con éxito desde el comienzo de la humanidad, ¡a pesar de no tener libros! Al igual que el resto de animales, los padres humanos también saben cuidar de sus pequeños. Cuando nace un bebé, nacen también unos padres. En ese momento, les invade una gran sabiduría y un poder casi sobrenatural para hacer todo lo que sea necesario para cuidar de su bebé. No alejarse de lo natural es primordial. Escuchar la voz del interior y la experiencia de los seres queridos siempre ha sido útil. En medio del acelerado ritmo de vida actual y quizá sin poder contar con el apoyo de los abuelos, este libro te orientará rápida y fácilmente y te explicará muchas formas de crear experiencias lúdicas personalizadas e individualizadas para tu hijo.

Cuando nace un bebé, nacen también unos padres.

> **Lo que sabemos por naturaleza**
>
> A pesar incluso de lo aparentemente distanciados que estamos de la naturaleza, su influencia no ha desaparecido en modo alguno. Muchos padres tienen una intuición increíble. Cuando leen libros sobre la crianza de los hijos se dicen a sí mismos: «Esto ya lo hago». «Esto lo sé.» «Esto me encanta.» Quizá tú seas uno de estos padres.

Música

Si tu hijo está mirando por la ventana sentado en su sillita, ¿por qué no haces más rica la experiencia y pones música suave de fondo? Piensa en la música que quieres que tu hijo conozca y disfrute, y ten ejemplares de ésta en casa (y quizá también en el coche). La música clásica es magnífica para empezar. Puesto que es nuestro más refinado tipo de música, introdúcelo en ella en primer lugar y deja que se convierta en la base. A mucha gente le gusta la música de compositores como Chopin, Beethoven y Mozart; así pues, puedes empezar con ellos. Brahms es muy relajante para terminar el día.

Cuando introduzcas al bebé en la música clásica, elige un solo compositor o incluso una sola grabación y ponla repetidamente durante varios días o semanas. Cuando pienses que el niño ya reconoce algunas de las melodías complejas de la pieza, haz que escuche otro compositor o grabación. Deja que la música clásica se convierta en la música de fondo de tu casa buscando en la radio una emisora que emita música clásica. De todos modos, escuchar música no tiene por qué ser una actividad «de fondo» sea cual fuere la música que te guste. Haz también que sea una actividad provechosa por sí misma. Realza el tiempo dedicado a la música con canciones infantiles y otras músicas para niños que tú elijas.

2

¿Por qué hacer tus propios juguetes?

Si todos los juguetes que quieres para tu hijo estuvieran en las tiendas a precios asequibles, *sería* más fácil ir a comprarlos que hacerlos tú mismo. Sin embargo, y por extraño que parezca, con todos los juguetes que hay en las tiendas, muchas veces es imposible hallar el mejor juguete para el niño. Con este libro podrás saber cuáles son los mejores juguetes para tu hijo, juguetes que le gustarán y de los que aprenderá, y descubrirás que la mayoría de ellos no se encuentran a la venta, ni siquiera a un precio elevado.

Los juguetes para la edad del desarrollo que presentamos en este libro clasificados en seis categorías —autoconciencia, colores, letras, números, formas y lectura— te darán una idea de las cualidades que hay que buscar a la hora de comprar o confeccionar juguetes. De forma parecida a los grupos de alimentos, estos «grupos de juguetes» te ayudarán a que el juego de tu hijo sea variado y completo.

Comprar juguetes

Antes de ir a una tienda a comprar juguetes, es una buena idea hacer una lista, igual que haces una lista de alimentos cuando vas al supermercado. Los envoltorios, tan atrayentes, pueden seducirte y hacerte comprar cosas innecesarias. Si confeccionas una lista de antemano, podrás pasar de los juguetes que no necesitas y volver a casa exclusivamente con los que querías comprar.

Hacer juguetes

Hacer algo para tu hijo te llenará de satisfacción. Una madre, después de hacer algunos de los juguetes del libro, confesó: «Hasta ahora, la única cosa creativa que había hecho era haber tenido a mis dos hijos». (Siguió haciendo muchos más juguetes y tuvo, además, otro hijo.) Afanosamente absorta en la fabricación de uno de los juguetes del alfabeto, otra madre afirmaba: «Mis dos hijas mayores volvieron a preguntarme anoche si podían ayudarme, y yo volví a decirles que quería hacerlo yo sola. No me preguntéis por qué». «Porque quieres crear», le contesté.

Sabemos desde hace mucho tiempo que hacer un juguete para un bebé *no* significa intentar hacer que parezca un juguete de los que hay en las tiendas. En una exposición de juguetes, la Arango International Design Competition realizada en Miami, Florida, en 1979, la mayoría de los participantes exhibió sofisticados diseños; a pesar de ello, el ganador fue una serie de cuarenta depresores linguales de madera, cada uno de los cuales tenía un dibujo distinto en el extremo, pintado con llamativos colores. Había un muñeco de nieve, un sol, un cono de helado y otros objetos similares, habituales en la vida de un niño. Para jugar, el niño cogía unas cuantas de esas maderitas, las ponía en el orden que él quería y se inventaba un cuento con ellas. Por ejemplo: «Compré un helado para mi amigo el muñeco de nieve, pero salió el sol y lo derritió; entonces me lo comí yo».

El doctor Gene Provenzo, profesor de Educación en la Universidad de Miami, ha dicho que los adultos piensan que los niños sólo quieren jugar con juguetes de aspecto «impecable». Para los adultos, «impecable» suele ser sinónimo de elegante y perfecto, y esto puede estar lejos de lo que interesa a un niño pequeño. Nunca he visto a un niño dar la espalda a un libro roto en la consulta del médico, a un periódico viejo o a la porquería, ramitas o piedras acumuladas en el patio de recreo. Es más, a menudo veo a los niños de preescolar coger fichas o papeles sueltos de estanterías repletas de juguetes de plástico de llamativos colores. De hecho, ¡cuanto más se parece el objeto a algo real y no a un juguete manufacturado, más inclinado se siente el niño pequeño a jugar con él! Como tú bien sabes, un juego de llaves de plástico no es tan atractivo para un niño como tu juego de llaves de verdad, así como un teléfono de juguete tampoco es tan popular como uno de verdad.

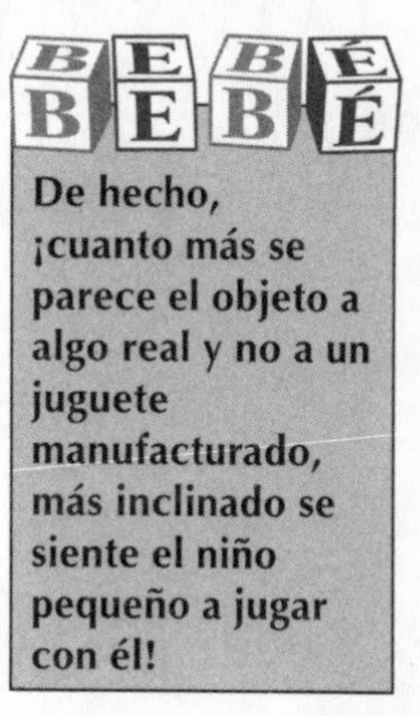

Estudios sobre el juguete

De acuerdo con Burton White, el conocido investigador en el campo de la educación infantil, a los bebés y a los niños pequeños no les interesan en absoluto muchos de los juguetes comerciales más «populares» diseñados para ellos. Más allá del interés exploratorio inicial que los niños muestran ante cualquier objeto nuevo, raramente dedican más tiempo a un juguete (como por ejemplo un tablero de actividades, de plástico) que ha sido fabricado para atraer a los niños de su edad. Descubrió que una simple pelota de playa permite al niño divertirse durante un tiempo veinte veces mayor. Cada vez que el niño lanza o hace rodar la pelota, el resultado que obtiene es distinto al anterior, de modo que la intriga que provoca no la produce casi ningún otro juguete. White descubrió que un espejo es otro artículo que también atrae mucho a los bebés

> **BEBÉ**
>
> **A los bebés y a los niños pequeños no les interesan en absoluto muchos de los juguetes comerciales más «populares» diseñados para ellos.**

Figura 2.1. ¡Tengo una pelota!

y a los niños pequeños. Con este juguete, el niño nunca ve exactamente lo mismo dos veces. A medida que cambia su expresión al mirarse en el espejo, también cambia la imagen del juguete.

Muchos objetos de casa como éstos pueden convertirse en juguetes para los bebés y los niños pequeños. Por ejemplo, piensa en los tubos de cartón que hay en el centro de los rollos de papel higiénico o de los rollos de papel de cocina. Estos tubos pesan poco y van bien para hacerlos rodar, mirar por ellos, tocar y golpear el suelo. Puedes decorarlos con papeles de colores y hacer dibujos en ellos con lápices o rotuladores, ponerles pegatinas o cintas, si quieres, y forrarlos con papel adhesivo transparente.

El cubo de reciclaje

¡Ésta es la caja de juguetes del siglo XXI! Revisa el tuyo cada semana antes de bajarlo a la calle. En él encontrarás un mon-

Figura 2.2. ¿Qué ves?

tón de tesoros. Algunas cosas las podrás usar tal y como son y otras las podrás decorar para obtener con ellas magníficos juguetes.

Tu colección puede incluir sencillos recipientes de distintos tamaños: 100 g, 200 g y ½ kg; ½, 1 y 2 l. Con las tapas puestas, el niño se divertirá apilando los recipientes. Sin las tapas, se divertirá metiéndolos unos dentro de otros. Si los llenas de tapones de botellas u otros objetos sencillos, como sujetapapeles o cucharillas de plástico, el niño se divertirá agitándolos. También puedes encontrar botellas de distintas e interesantes formas. Piensa en la variedad de formas de los envases de leche, agua, zumo e incluso enjuagues bucales. También a éstos se les pueden meter cosas dentro y convertirlos así en sonajeros.

Un viejo y conocido juguete es un envase de leche de plástico de 2 l con diez pinzas de la ropa dentro para que el niño lo va-

Figura 2.3. El cubo de reciclaje.

cíe y lo llene. Los niños han jugado con juguetes como éstos durante generaciones. Aunque parezca increíble, solían ser de cristal, y las pinzas, de madera. Puedes sentirte afortunado de contar con la seguridad de nuestra versión actual de plástico.

Algunos recipientes se pueden convertir en juguetes fáciles de manipular, con lo que favorecen el desarrollo de las habilidades motrices finas (mano) del niño. ¿Te acuerdas de aquellos «buzones» de madera de antaño que se completaban encajando unas piezas de distintas formas? Era necesario meter cada pieza por su hueco correspondiente situado en la tapa del «buzón» para obtener la satisfacción de oír el «clac» de la pieza al chocar contra el fondo. Puedes hacer el mismo tipo de juguete en casa utilizando recipientes viejos de plástico con tapa. No tienes más que hacer en cada tapa un agujero con una forma concreta para que se pueda meter por él un objeto determinado —recortar un círculo para que encaje con un tapón de botella, un cuadrado con un bloque de madera o un triángulo con

Figura 2.4. Un juguete conocido desde hace generaciones.

Figura 2.5. Formas.

la pieza de un juguete para clasificar formas o de un juguete para hacer construcciones— ¡y habrás obtenido una magnífica caja para meter cosas en ella! Al principio, el bebé se divertirá cogiendo los objetos de cualquier forma; más tarde se divertirá metiendo el tapón por el círculo. Después, si haces dos huecos distintos en la misma tapa, el niño intentará introducir las figuras adecuadas.

Por fin, coge una tapa grande y recorta en ella las tres formas.

Cajas

¡Piensa en la cantidad de cajas de uno u otro tamaño que tiras cada día! Muchas de ellas son, sin necesidad de ser modificadas, magníficos juguetes. Las cajas de zapatos son fuertes y las hay de todas las formas y colores. Todas tienen tapa para que los bebés las pongan y las quiten.

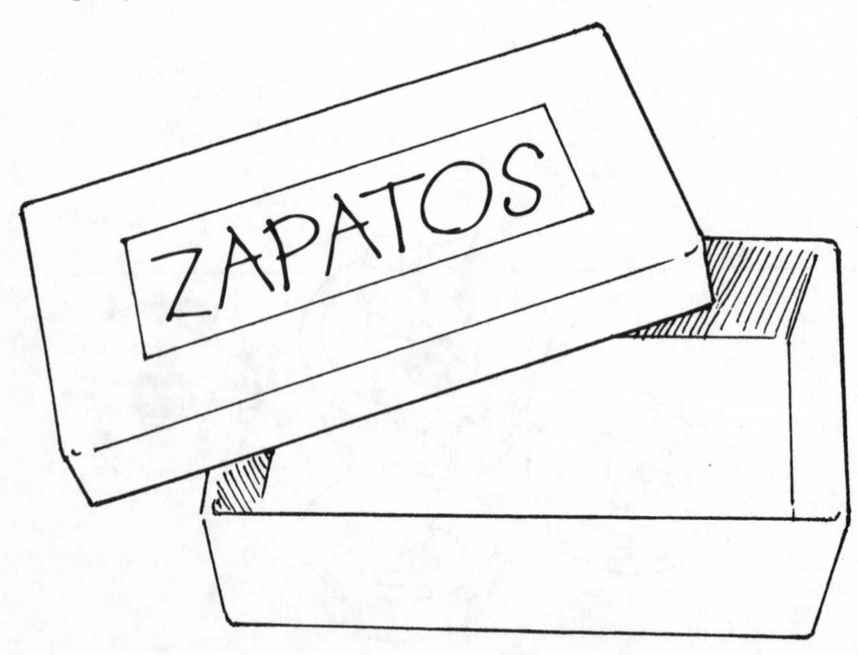

Figura 2.6. Cajas.

Figura 2.7. Libros.

Libros

Otras cajas tienen grandes y llamativos dibujos del producto que contienen, como los envases de comida o las cajas de juguetes. Puedes recortar estos dibujos, pegarlos en cartulinas de colores y formar con ellas libros en carpetas de anillas. Quizá quieras hacer un libro entero sobre comida o sobre los juguetes del bebé. Si te haces con un montón de dibujos y de páginas, también puedes hacer un libro grueso con una carpeta de anillas.

Asimismo, puedes escribir palabras en estos libros. Para empezar, pon títulos de una o dos palabras o escribe frases sencillas de tres, cuatro o cinco palabras. Cuando escribas una frase, no te olvides de escribir en mayúsculas la primera letra ni de terminar la frase con un punto final. Cuando leas los libros al niño, señala las palabras a medida que las vayas pronunciando. Algunos ejemplos podrían ser «Mira los zapatos», «Cereales», «Un candelabro bonito».

¿Qué te parece hacer un libro sobre los amigos de tu hijo? Reúne fotos de los niños del barrio o de la guardería de tu peque-

Figura 2.8. Mis amigos.

Figura 2.9. Libros de fotos.

ño, pégalas en papeles de colores, mete las páginas en una carpeta con anillas y ya tienes un libro de amigos. Puedes forrar las páginas con papel adhesivo transparente, laminarlas, o poner el libro entero en un álbum de fotos.

¿Se te ocurre algún otro libro que quisieras confeccionar? Puede que tengas fotos de algún viaje que te gustaría compartir a menudo con tu hijo. Pon sólo una fotografía en cada página con su título correspondiente. Cuando leas estos libros a tu hijo, señala la foto y después el título. De esta forma, tu hijo aprenderá que ambas cosas representan lo mismo. Si te decides por hacer estos libros usando álbumes pequeños de fotos, puedes poner tus fotografías en la página de la derecha y las palabras que hacen referencia a la fotografía, escritas en una ficha, en la página de la izquierda con el álbum abierto. Si usas álbumes de fotos grandes, puedes poner las fotos en el centro de las páginas y las frases descriptivas debajo de ellas.

Una gran variedad de juguetes

Cuando empieces a confeccionar juguetes, te descubrirás a ti mismo haciendo cada vez más y más y verás la posibilidad de hacer juguetes a partir de todo tipo de objetos caseros. Te encontrarás pensando en utilizar creativamente esos diez vasos de papel que tienes guardados en el armario, por ejemplo. Dáselos a tu hijo y dile lo que son y cuántos hay. ¿Qué mejor forma de aprender el número «10» que viéndolo a través de un juguete y jugando con él? Si un vaso se rompe o se estropea, entonces ha llegado el momento de tirarlo y enseñarle al niño que ya sólo quedan «9». Apílalos, cuéntalos, divídelos, haz con ellos todo lo que se te ocurra.

Figura 2.10. Vasos de papel.

Guarda algunos vasos de repuesto a mano y ya tienes un perfecto y fabuloso juego para los niños.

Seguramente podrías comprar un montón de juguetes comerciales y de libros infantiles para mantener entretenido a tu bebé pero, después de hacer tus propios juguetes, es probable que pronto te dieras cuenta de que pocos de ellos son «totalmente adecuados». Por otro lado, descubrirás que los juguetes que tú haces a partir de los objetos que vas encontrando por casa son personales y versátiles.

BEBÉ

Por otro lado, los juguetes que tú haces a partir de los objetos que vas encontrando por casa son personales y versátiles.

Además, sentirás una gran satisfacción al verte tan creativo e ingenioso, ¡aparte de gastarte poco dinero!

En el siguiente capítulo, te enseñaré formas de trabajar junto a otros padres para mantener viva la creatividad. Dos cabezas son mejor que una cuando se trata de pensar en actividades nuevas y de hacer juguetes innovadores.

3

Talleres sobre la confección de juguetes

Trabajar en grupo

La gente sabe desde hace tiempo que «dos cabezas son mejor que una» y ha utilizado la técnica de «lluvia de ideas» para conseguir las mejores, resolver problemas y crear. Actualmente, en Estados Unidos, la gente se reúne en grupos «Mastermind» a lo largo y ancho del país. Estos grupos están formados por personas con intereses similares que quieren interactuar entre ellas para desarrollar dichos intereses.

Un grupo que confecciona juguetes

Puedes aprovecharte de este modelo y llevarlo un poco más lejos, es decir, a un grupo que hace juguetes. Con este tipo de grupo estarás dando la oportunidad a las personas que lo integren de ayudarse a diseñar juguetes para sus hijos y, al mismo tiempo, de compartir ideas sobre el cuidado de los niños. Además, también podrás compartir los recursos relacionados con la confección de los juguetes. Puedes formar este tipo de grupo más o menos de la misma manera que formarías cualquier otro grupo: por ejemplo, puedes llamar a gente que pienses que puede estar interesada: padres que residan en tu barrio o que lleven a su hijo a la misma guardería que tú. También puedes ponerte en contacto con madres que conozcas de otras organizaciones o asociaciones a las que perteneces. A las madres que están en casa les gustará este grupo por la oportunidad que les ofrecerá de estar una mañana fuera de casa, junto con la posibilidad de hacer algo por sus hijos. A las madres trabajadoras les gustará porque podrán estar con otras madres y mezclarse con personas muy interesadas por sus hijos y por tratar de enriquecer la vida de éstos. Este grupo dará lugar a conversaciones instructivas, a la posibilidad de hacer nuevos amigos e, incluso, a la de hacer aperitivos o comidas informales, dependiendo de las circunstancias. Tendrá todas las ventajas del trabajo en grupo con el atractivo añadido de ser una válvula de escape para la creatividad.

Un lugar para reunirse

Buscad un lugar apropiado donde podáis reuniros. Si el grupo es pequeño, podéis reuniros en vuestras propias casas. Puesto que vais a estar ocupadas haciendo juguetes, un despacho informal puede ser una buena idea. Si el grupo es grande, podéis reservar una habitación en un hotel o en un restaurante cercano. Encargar una comida y pedir que vengan a servírosla por un precio moderado no suele costar demasiado.

Si vuestros hijos son muy pequeños todavía, probablemente os gustará tenerlos con vosotras. A los bebés que aún no gatean ni caminan les va bien estar en compañía de sus madres y de otros niños. Cuando empiezan a caminar, tocan y enredan los materiales y hacen que la actividad de confeccionar juguetes se convierta en una especie de reto. Es hora de buscar una canguro.

Orden del día

Escoge una de las seis categorías de conceptos —autoconciencia, colores, letras, números, formas o lectura— como tema del encuentro, y procura que cada madre sepa de antemano lo que tiene que llevar. (En la segunda parte aparecen los juguetes propios de cada categoría por capítulos, con descripciones, instrucciones y una lista de materiales.) Puedes dedicar varias sesiones a una misma categoría o pasar a otra enseguida.

Quizá quieras pedir a los miembros del grupo que empiecen a recolectar objetos para tirar con el fin de llevarlos a los encuentros y usarlos para los juguetes. (Véase el recuadro de esta página.)

La economía protege de la necesidad

Es posible que encuentres por casa un montón de objetos para guardar y llevar a los talleres de fabricación de juguetes. Estas ideas te ayudarán a empezar:

- Botones (no demasiado pequeños)
- Cinta
- Papel de regalo
- Muestras de papel para empapelar paredes
- Objetos de plástico para decorar pasteles (¡que no sean afilados!)
- Tarjetas de felicitación

Ten siempre en cuenta la edad de tu hijo cuando hagas juguetes para él. Algunos materiales no son apropiados para los bebés muy pequeños puesto que si se los tragan se pueden ahogar. No des a un niño menor de 3 años objetos de diámetro inferior a 6 cm, que es lo que mide el agujero del tubo de un rollo de papel higiénico. Hay juguetes grandes que llevan adheridos objetos pequeños, como por ejemplo botones; recuerda que existe el peligro de que se caigan y de que un niño curioso los coja y se los trague. Ten siempre cuidado (véase pág. 33).

Figura 3.1. Libro de color.

Como siempre, procura tener presente la edad del niño a la hora de reunir los materiales con los que le harás los juguetes.

Los objetos muy pequeños no son apropiados para bebés (véase «¡La seguridad es lo primero!», pág. 33).

Hojas de seguimiento del taller

He diseñado una hoja de seguimiento del taller para que los padres puedan tener constancia de los distintos juguetes que han hecho para cada categoría. Es conveniente que todos los del grupo tengan una hoja como ésta, que también sirve para escribir notas sobre los distintos proyectos. Puedes hacer copias de los cuadros que hay en los apéndices A-F (págs. 249-254) o usarlos como modelos para crear tu propia versión.

Algunos padres querrán hacer juguetes sólo durante estos talleres. A veces, el niño que llora, el teléfono que suena, ordenar papeles, consultar e-mails y faxes, cocinar, atender a la familia —y otras muchas y variadas responsabilidades del hogar— hacen que sea muy difícil concentrarse para diseñar y confeccionar juguetes. La hoja de seguimiento del taller te ayudará a trabajar eficazmente a tu propio ritmo, en cualquier momento y lugar donde te pongas a fabricar juguetes.

Compartir ideas e información

Como la vida llega a ser bastante complicada, y no sólo cuando los niños entran en escena, va bien contar con un grupo de padres al cual pedir consejo y apoyo. Hablar con otros padres regularmente es una oportunidad inigualable de hallar respuesta a muchas de tus propias dudas. ¡En estos grupos pueden surgir muchos consejos e ideas prácticas sobre el desarrollo infantil de las cuales ni siquiera tenías conciencia!

Conozco una madre que se enteró por su grupo de la existencia de una publicación llamada *Growing Child.* Esta información fue muy útil para ella como madre primeriza. Se trata de un boletín que se pide en función de la edad en meses del niño. Da ideas para jugar con él así como información sobre el cuidado infantil para un niño de la edad de tu hijo. Además, esta misma empresa publica también *Growing Parent*, otro boletín mensual. Éste atiende las necesidades, deseos e intereses de los padres. Les da confianza y consejos oportunos, e incluye un calendario mensual de actividades padre-hijo creativas y educativas. La última parte de esta fuente es un tercer boletín llamado *Growing Child Playthings.* Éste aparece trimestralmente e incluye recomendaciones sobre los juguetes propios de cada edad. También ofrece información sobre los venerados juguetes tradicionales, vigentes durante generaciones, para jugar y aprender con ellos.

Antes solía ser fácil obtener información acerca de la crianza de los hijos. Era una de las ventajas de los grandes clanes familiares. Cuando una pareja tenía un hijo, recibía de sus padres los consejos necesarios para criarlo. Hoy en día, sin embargo, muy pocos abuelos viven lo suficientemente cerca de sus hijos como para asesorarlos. Los hay que sí viven cerca, pero que no disponen de tiempo para ayudarlos por estar demasiado ocupados con su propia vida.

La vida en el mundo de hoy en día es complicada. Además de educar a los hijos, los padres tienen otras muchas responsabilidades y realizan otros trabajos distintos. Pero también hay nuevos adelantos. Esto significa que existen unas nuevas y diferentes consideraciones y una necesidad de mantenerse al día. Educar a un hijo en el mundo en el que vivimos no es un proceso fácil ni simple. Afortunadamente, los grupos para confeccionar juguetes son sumamente útiles para difundir el tipo de información que suelen necesitar los padres. Me he dado cuenta de que en estos talleres, además de hacer juguetes, se comparte todo tipo de información, como por ejemplo información sobre vitaminas, dentición, el sueño nocturno del niño, hábitos alimenticios, cómo acostumbrar al niño a usar un orinal, remedios caseros, ejercicio y otros muchos temas.

Material

En lo referente al material, trabajar en grupo también es ventajoso. Una persona puede tener mucho fieltro y cinta, y otra, por gustarle ciertas revistas vistosas, puede tener muchas fotografías llamativas para compartir. Los retazos de costura, distintos en cada

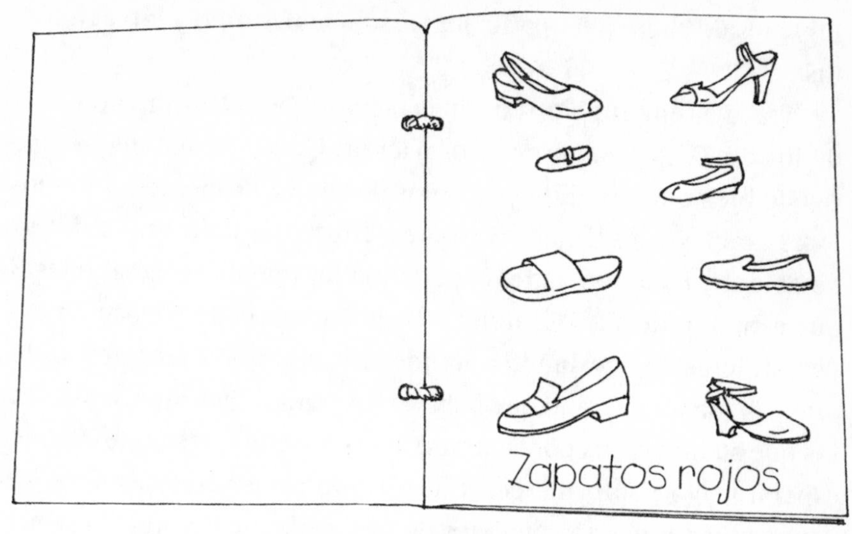

Figura 3.2. Libro del color.

casa, también van muy bien para hacer juguetes. Si necesitáis comprar algo, podéis comprarlo en grupo; comprar grandes cantidades suele ser más económico.

Un grupo suele ver con más claridad que una persona sola. Recuerdo un encuentro al que una madre llevó una carpeta para hacer un «Libro del color».

La carpeta era la adecuada, pero se distinguía de las demás por una especie de funda que tenía en la parte de abajo y que el resto de carpetas que la gente había traído para aquella actividad no tenía. Enseguida todos se dieron cuenta de que la funda sería perfecta para poner en ella objetos planos del color pertinente, objetos que el niño podría sacar, tocar y volver a guardar. Incluso se podían sujetar dichos objetos con un trocito de cuerda a la carpeta para que no se perdieran. (Los «Libros de colores» se describen con más detalle en las págs. 138-140.)

Hay personas que sólo están interesadas en hacer juguetes de una categoría, mientras que otras prefieren hacer sólo uno o dos juguetes de cada. ¡No pasa nada! Cada padre, niño y situación es distinta.

Trabajar en grupo ofrece buenas oportunidades para aprender de los demás y compartir información. Conozco una madre que oyó lo bien que los niños pequeños de su grupo aprendían los colores gracias a las Cajas de colores, Libros de colores y Tarjetas de colores. Esta noticia tenía para ella un interés especial puesto que a su hijo de 6 años, alumno de una escuela de educación especial, le estaba costando aprender los colores. La profesora le dijo a la madre del niño que había otros temas más importantes en los que su hijo debía concentrarse y que «los colores tendrían que esperar». No conforme con que su hijo tuviera que esperar, le confeccionó todos los juguetes de la sección de colores. Tras jugar juntos una y otra vez con estos juguetes, el niño llegó a aprender los colores, y la madre quedó encantada con ello. (El capítulo 8 habla sobre los juguetes de colores.)

Enseñar de manera correcta

El secreto para obtener el máximo beneficio de los juguetes que aparecen en este libro es sencillo: *¡usarlos como juguetes!* La naturaleza de estos juguetes es lo que va a revelar conceptos a los niños durante su juego. Jugar con ellos de la forma correcta es educativo; usarlos de forma inapropiada —por ejemplo, para dar lecciones— *no* funciona. Los juguetes que vas a hacer no son para dar lecciones; el aprendizaje tendrá lugar mediante el contacto del niño con los juguetes y por su interacción con ellos. Una vez hechos, deberás usarlos para hacer que el niño juegue.

¿Qué significa jugar? En lo que a estos juguetes se refiere, jugar es tan sencillo y natural como describir y hacer comentarios de los juguetes a tu bebé e interactuar con él para reflejar con la mayor

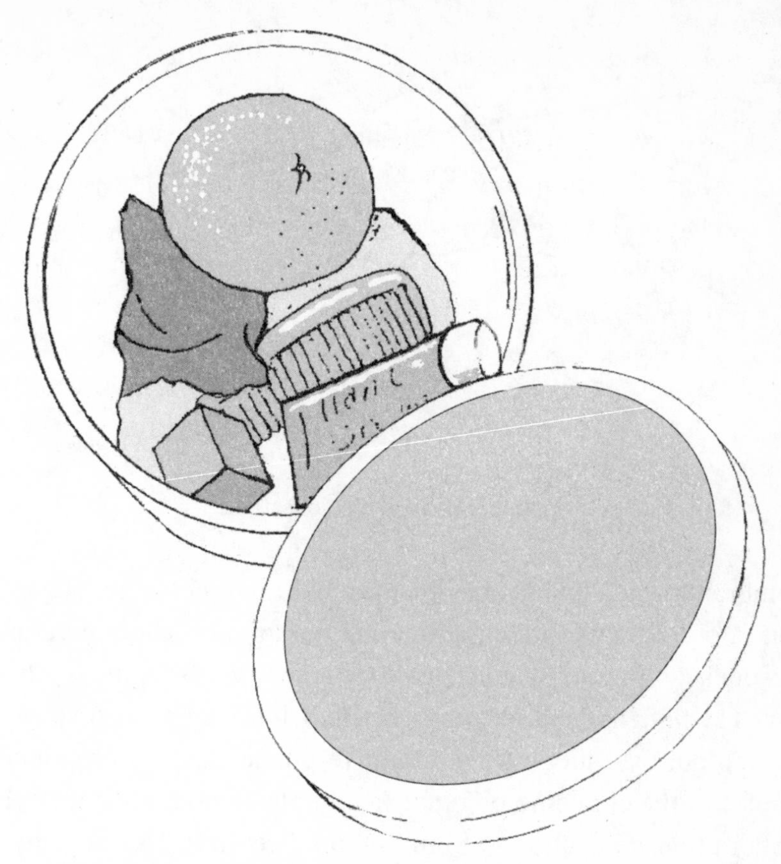

Figura 3.3. Caja de color.

precisión su propia experiencia con el juguete. Procura que el niño no se sienta presionado durante el juego; es aconsejable evitar aquellas situaciones que requieran una respuesta concreta por parte del bebé o del niño pequeño. Por ejemplo, evita las preguntas directas como: «¿De qué color es esta pelota?». Sencillamente diviértete con él emparejando objetos del mismo color, buscando por la habitación ejemplos de un color concreto, etc.

Por ejemplo, imagina que tu bebé ha estado jugando un rato con una de las cajas de colores (descritas en la pág. 134), en cuyo interior sólo hay objetos de color naranja. Imagina que has estado

Figura 3.4. Sonajero educativo.

nombrando cada uno de los objetos a tu hijo mientras iba jugando con ellos: «El cubo naranja, la cinta naranja, la pelota naranja». Después de un rato, puedes empezar a decir cosas como. «Ahora tienes la cinta naranja. Ahora tienes la pelota naranja». A su debido tiempo, este juego de nombrar te puede llevar a pronunciar una frase que el mismo niño pueda completar, como por ejemplo: «Ahora tienes el cubo...». Si tu hijo no dice «naranja» la primera vez, no pasa nada; no le fuerces a pensar. Es posible que rellene el hueco la próxima vez que le digas una frase parecida. De esta forma, le estás diciendo al niño que no estás buscando una respuesta «correcta» que suscite aprobación, sino que estás invitándolo a que se divierta contigo participando en el juego.

Los tres primeros años

Igual que no puedes construir una casa sin cimientos, tampoco tu hijo puede tener un crecimiento y desarrollo óptimos si no ha gozado de las mejores experiencias durante sus tres primeros años de vida. Tu hijo está aprendiendo sobre el mundo desde el mismo momento de su nacimiento, y la idea es hacer que este aprendizaje sea tan positivo y rico como sea posible durante el mayor tiempo posible. Realmente, no hay un solo momento que perder. Tuve mi primera lección sobre esto en 1976.

Un día estaba comprando en una tienda finlandesa de muebles, cuando el vendedor me mostró una sección llamada «Juguetes educativos para bebés». «¿Qué es un juguete educativo para bebés?», le pregunté. Sacó un sonajero de madera de una estantería y me lo enseñó. Entonces me explicó que con cualquier otro sonajero de los que había en las tiendas (en aquel momento), el bebé no podía ver qué era lo que hacía el ruido y que con aquél sí podía. ¡En aquel momento vi claramente que *todas* las experiencias son experiencias educativas capaces de ser enriquecidas!

El mensaje para diseñar juguetes y jugar es claro: tu bebé no quiere que le des juguetes demasiado simples. Tu bebé está continuamente atareado intentando conocer el mundo. Cuanto más se lo muestres y menos se lo escondas, más le facilitas el proceso.

Había en la misma tienda otro juguete bien diseñado, una cuerda para colgar sobre la cuna. Estaba compuesto por cuatro

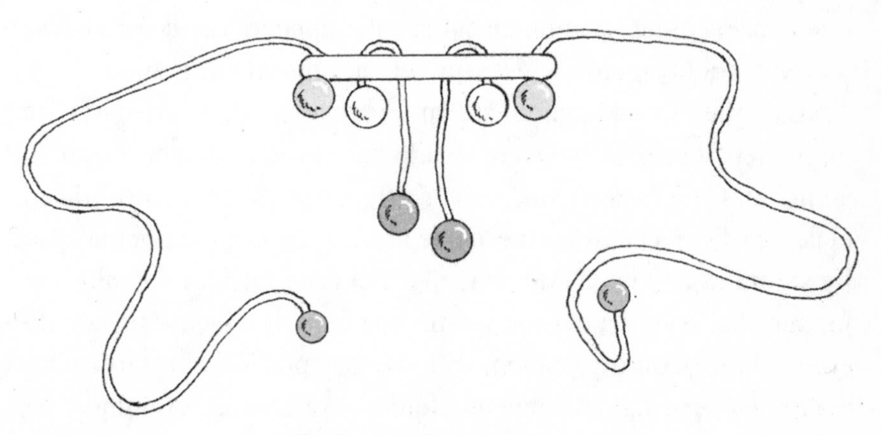

Figura 3.5. Causa y efecto.

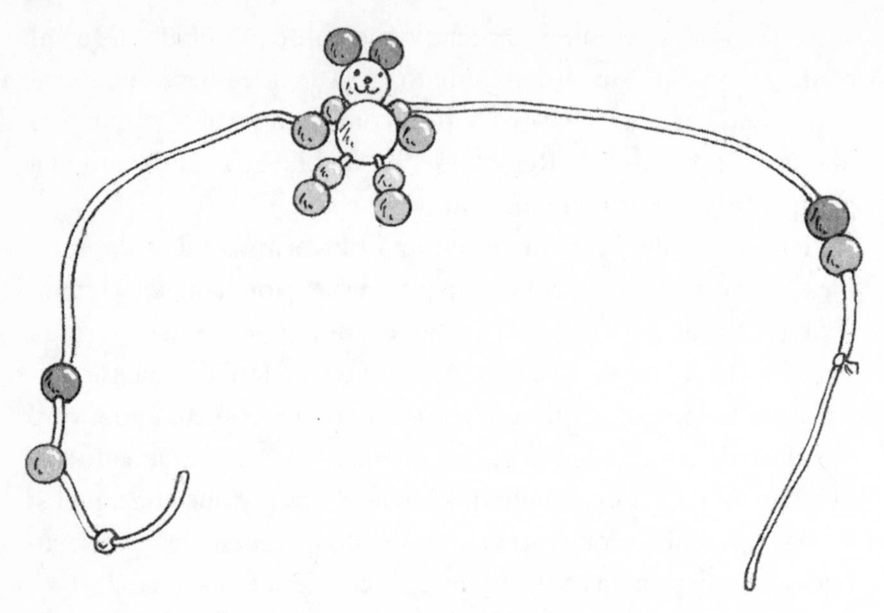

Figura 3.6. Juguete para fijar la atención.

bolas que pendían sobre la cuna, dos rojas y dos verdes, y estaba diseñado para estimular al bebé a alargar el brazo y tirar de las bolas. Funcionaba como una polea. Si tiraba hacia él de una bola roja, la verde subía, y si tiraba de una verde, era la roja la que se iba para arriba. Asimismo, si tiraba de una bola sólo un poco, la que le hacía el juego también subía sólo un poco. La idea de causa y efecto era la lección, y este juguete la impartía muy bien.

En aquella tienda encontré un tercer juguete, otra versión de un juguete de cuna. Estaba diseñado para ayudar al bebé a fijar su atención. Consistía en una pequeña figura de madera colocada en el centro de una cuerda gruesa que atravesaba la cuna por encima. La figura estaba hecha de pequeñas bolas de madera de color rojo, pero la de arriba del todo tenía una cara dibujada. Dicha cara era la clave. Como ya sabemos, los bebés prefieren mirar las caras de las personas más que cualquier otra cosa en el mundo. Si no pueden mirar un rostro humano, los bebés tienden a mirar al-

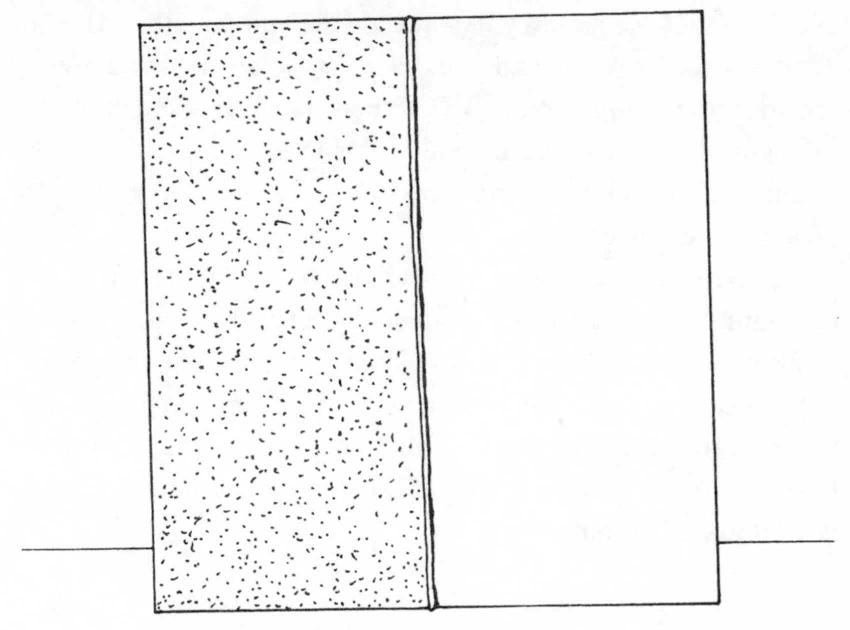

Figura 3.7. Áspero, suave.

go que se le parezca, un dibujo de éste. Este juguete tenía además otros atributos especialmente interesantes para un bebé. Uno es el color rojo y el otro, su forma redonda.

Ofrecer a un niño una puerta de entrada de la información y una primera base educativa es un proceso continuo y gradual. Mucho antes de que el niño pueda hablar y expresar lo que sabe, ya ha aprendido mucho.

Cuando mi hija aún no tenía 6 meses, le hice una tarjeta, la mitad forrada con papel de lija y la otra con un papel suave. Los dos papeles eran de color negro para que lo único que diferenciara a ambas partes fuera la textura. A menudo cogía las manitas de mi hija y se las pasaba por la tarjeta. Primero lo hacía por la parte áspera y le decía: «Áspero». Luego, se las pasaba por la parte suave y le decía: «Suave». Y luego, repetía esto mismo con cada pie. En algún momento antes de que mi hija cumpliera su primer año, el juguete se perdió y dejamos de realizar aquella actividad. Tendría unos 2 años cuando un día, jugando en su habitación, se encontró dicho juguete dentro de su armario. Juguete en mano, vino corriendo hacia mí diciendo: «¡Mamá, mamá, áspero!» (al tiempo que señalaba la parte áspera) y «¡suave!» (mientras señalaba la parte suave).

Cada minuto, cada hora y cada día son importantes en la vida de un niño. Como padres y cuidadores, tenemos la gran responsabilidad de hacer que el entorno de nuestros hijos sea interesante y educativo. *Todas* sus experiencias son importantes y afectan a su desarrollo. En palabras de Maria Montessori, fundadora del famoso sistema educativo infantil que lleva su nombre: «Aquí no hay gomas de borrar».

4

Ideas para el desarrollo

El cuidado de los hijos

Cuidar a los hijos es instintivo. No necesitas que nadie te enseñe cómo cuidar a tu propio hijo. En este ámbito, *tú* eres la experta, ¡una verdadera especialista! Las bases del cuidado infantil —alimentación, vestido y crianza— han pasado de generación en generación en el seno de las familias.

El gran reto es hacer lo que sabes que necesitas hacer dentro de los límites que te impone la sociedad moderna. Saber que la dieta de un niño debe contar con frutas, verduras y cereales, por ejemplo, y encontrarte con las estanterías de las tiendas abarrotadas de alimentos procesados es un problema. Saber que los niños necesitan hacer ejercicio cada día, incluidos los estiramientos, potenciación muscular y actividades cardiovasculares y tener que afrontar un programa escolar sedentario, la televisión y el ordenador es un problema. Y saber que los niños necesitan rutinas de sueño regulares y, sobre todo, acostarse cuando se hace de noche y levantarse cuando sale el sol, y tener que aguantar unos horarios tan apretados que les obligan a estar despiertos hasta tarde también es un problema. ¡Estoy segura de que podrías decir más cosas! La vida moderna ha complicado muchos aspectos del cuidado normal y natural de los hijos.

Por otro lado, aunque pudieras hacerlo todo como tú sabes hacerlo, seguirías necesitando ayuda. Incluso en las mejores circunstancias, educar a los hijos es complicado porque no hay dos hijos iguales, así como tampoco hay dos padres iguales. ¡Los padres están constantemente aprendiendo! Y pueden aprender mucho de otros padres.

Absolutamente todos los padres deben enfrentarse al reto de hallar la mejor forma de tratar a cada uno de sus hijos. Esto requiere estrategias y técnicas tan únicas como los niños a los que tratan de ayudar. Lleva años aprender estas habilidades. La vida diaria te otorga cierta cantidad de tiempo, dinero y energía; lo difícil es usar todos estos recursos del modo más eficaz posible.

Hojas recordatorias

Con este procedimiento podrás llevar a la práctica tus buenas ideas e intenciones.

Como puedes ver, obtener buena información no es un problema hoy en día. ¡El problema es *recordarla* y tenerla por la mano cuando la necesitas! Sabiendo esto, he diseñado unas hojas de trabajo para que puedas tener dónde anotar todas las actividades e ideas que te gustaría probar con tu hijo. Puedes hacer copias del modelo de hoja de recuerdo de la página 255 del apéndice G. Haz cuatro copias a la vez ya que así estarás preparada todo un mes. En esta hoja podrás escribir, por categorías, las sugerencias que se te ocurran y que creas que pueden ser apropiadas para tu hijo. En ella tendrás espacio para escribir varias ideas debajo de cada categoría, con lo cual, tendrás más posibilidades de acordarte de realizarlas. Anota en el espacio de los días de la semana el día o momento del día en el que realices una actividad determinada.

Por ejemplo, imagínate que acabas de volver de la consulta del médico, donde has leído un artículo fantástico sobre el cuidado infantil, y que estás interesada en probar uno de los ejercicios que describe para estimular el lenguaje. Dicho ejercicio consiste en ir nombrando las partes del cuerpo del niño a medida que se las vas lavando al bañarlo. Esta práctica idea te ha parecido atractiva puesto que bañas al bebé cada día y no te supondrá más tiempo ni esfuerzo incorporar el juego a este ritual. El hecho de escribir esta idea debajo de «Lenguaje» te permitirá tener constancia de las veces que llevas a cabo tus planes.

Por la noche o a lo largo del día, cuando te vaya mejor, comprueba qué has hecho en cada categoría y escribe cualquier idea nueva que te gustaría probar. Con este sistema te costará menos poner en práctica tus buenas ideas e intenciones.

Las cinco categorías de la «Hoja de recuerdo I» representan los cinco ámbitos generales del desarrollo de tu hijo (véase el cuadro de la pág. 255). En la «Hoja de recuerdo I» es donde debes anotar las actividades relacionadas con estos cinco ámbitos del desarrollo. Aunque casi todas las actividades desempeñan algún papel en cada uno de los cinco ámbitos, suelen centrarse en un ámbito concreto. La «Hoja de recuerdo I» te ayudará a visualizar tus objetivos y a planificar actividades enriquecedoras relacionadas con estos importantes ámbitos del desarrollo infantil.

Las cinco categorías de la «Hoja de recuerdo II» están centradas en horarios y actividades diarias. Aquí podrás recopilar sugerencias para hacer un programa personalizado para tu hijo. Estas ideas ayudarán al niño a convertirse en todo lo que puede llegar a ser.

En Estados Unidos, una fuente excelente de ideas para ambas hojas es el boletín llamado *Growing Child*. Está bien que te recuerden por correspondencia que tu hijo ha entrado en una nueva etapa de su desarrollo y que te pongan al día sobre las ideas más actuales relacionadas con el cuidado infantil. Puede ahorrarte un viaje a tu libro de consulta sobre el cuidado del bebé, o puede recordarte que pases al siguiente apartado de dicho libro. Cada uno de los temas está lleno de ideas que se adaptan perfectamente a las categorías de ambas hojas de recuerdo. Puedes elegir las que te gusten y anotarlas en su lugar correspondiente. Otra característica de *Growing Child* es que hace recomendaciones sobre juguetes beneficiosos tanto para bebés como para niños pequeños de distintas edades.

Otra fuente útil de información es el famoso manual publicado por la National Association for the Education of Young Children (NAEYC), titulado *Developmentally Appropriate Practices from Birth to Age 8*, segunda edición. Contiene la información más actual sobre lo que se considera una interacción apropiada para padres y cuidadores de niños pequeños. La información general que presenta es útil, y la específica ofrece importantes directrices. Véase la bibliografía.

Actividades para el desarrollo cognitivo

Todas las actividades para el desarrollo cognitivo están relacionadas con el aprendizaje. Cualquier actividad que encuentres que ayuda al niño a entender el mundo en el que vive es una actividad educativa. Puedes ofrecer a tu hijo una actividad educativa en cualquier momento del día: sencillamente, dale todas las explicaciones que puedas y anímale a que vea, toque, escuche, pruebe y huela lo que le ofreces como él quiera. Para los padres, proporcionar a sus hijos este tipo de experiencias y orientación es algo natural.

Se trata de escribir órdenes para jugar con todos los juguetes que este libro te enseñará a confeccionar. Por ejemplo, si construyes una caja de color, puedes escribir lo siguiente: «Jugar con la caja de color». (Véanse las págs. 134-135 para más detalles sobre esta actividad.) Esta actividad está específicamente diseñada para el desarrollo cognitivo, pero como el niño manipula los objetos de la caja como parte de la actividad, tiene además un componente de motricidad fina. Por otro lado, jugar juntos con la caja es una actividad social, y nombrar cada objeto con la palabra de su color es un ejercicio que favorece el desarrollo del lenguaje. Y para terminar, gracias al desarrollo de las habilidades pertenecientes a estos cuatro ámbitos, esta actividad favorece también el desarrollo de la autoconfianza.

El desarrollo cognitivo se produce constantemente. Siempre que el niño experimenta algo, aprende también. Deberías poder entenderlo si eres consciente de que tú también aprendes de todas y cada una de las experiencias que atraviesas. Como el cerebro de un niño crece muy rápidamente durante los primeros años, está constantemente aprendiendo. Si vive en un entorno estimulante y básicamente positivo, aprenderá a una velocidad óptima. Si vive en un entorno negativo y falto de estímulos, aprenderá hábitos pobres. Tú eres quien debe dirigir este proceso de aprendizaje continuo y quien debe procurar que tu hijo conserve el interés en él mostrándole lo variado que es el mundo.

Actividades para el desarrollo motor

Esta zona del cuadro incluye actividades para la motricidad fina y actividades para la motricidad gruesa. La motricidad fina comprende todos los movimientos que se realizan con las manos, entre los que se incluyen la prensión en pinza (prensión de objetos pequeños con los dedos pulgar e índice), movimientos de muñeca y un amplio abanico de habilidades manipulativas (manejo). Actividades relacionadas con este ámbito son, por ejemplo, hacer puzzles, ensartar abalorios y escribir. Jugar con arcilla o masilla favorece el desarrollo de los músculos de los dedos y permite a los niños expresar su creatividad. La motricidad gruesa engloba aquellos movimientos que se realizan con todo el cuerpo como hacer volteretas, sentarse, gatear, estar de pie, caminar, correr, saltar y brincar, que se desarrollan siguiendo un orden secuencial.

Actividades para el desarrollo de la motricidad fina

Jugar con masilla es una primera y divertida actividad dentro del ámbito de la motricidad fina. Invita al niño a formar una bola con la arcilla o masilla haciendo un movimiento circular con la palma de la mano. Luego, dile que forme una especie de tortita aplastando la bola y que dibuje en ella con el dedo índice, dos ojos, una nariz y una boca. Tu pequeño se deleitará con esta casera y sonriente cara y, probablemente, querrá hacer algunas más.

Otro día, coge la arcilla o la masilla y enróllala en forma de «churro». Da al niño dos cucharadas de masilla e invítale a que las amase en forma de «churro» (o cilindro) sobre una superficie lisa. Todos los niños tienden a hacer esto con la masilla de forma instintiva. Una vez hechos estos larguiruchos churros, puedes enrollarlos en forma de canasta o caracol. Tras esto, surge otra actividad excelente de motricidad fina para el niño: anímale a hacer un asa y algunas frutas para la canasta o a ponerle ojos al caracol. Como ves, la creatividad también forma parte de esta actividad.

Las actividades para el desarrollo de la motricidad fina, como jugar con masilla, también están conectadas con otros ámbitos del desarrollo. Al jugar con arcilla se produce un aprendizaje cognitivo porque el niño aprende a distinguir texturas. Cuando el niño es lo suficientemente mayor, aprende cómo varias partes integran un todo al participar en la fabricación de masilla partiendo de cero. El hecho de jugar con el niño mientras moldea la arcilla promueve sus habilidades sociales. Gracias a tus comentarios sobre lo que vais haciendo mientras juegas con el niño, se refuerza en él su habilidad para el lenguaje. Lo satisfecho que se siente cuando logra hacer algo a partir de un bloque de arcilla promueve su sensación de autoestima y autoconfianza.

Una actividad clásica para el desarrollo de la motricidad fina consiste en traspasar con una cuchara judías o arroz de un cuenco a otro. Haciendo esto el niño toma conciencia de la textura y del peso de las judías o del arroz crudo, disfruta de su interacción social contigo y puede, además, aprender a contar si decides contar cada cucharada. Mientras le cuentas cuánto arroz o judías traspasáis en cada cucharada y cómo se va produciendo el traspaso, el niño también va aprendiendo algo de lenguaje. Y cuando finalmente siente la satisfacción de haber logrado traspasar todo el contenido de un cuenco al otro, crece la confianza en sí mismo.

Haz tu propia masilla

A todos los niños les encanta jugar con masilla. Con esta receta podrás hacer tu propia masilla y darle un color parecido al de tu suelo o alfombra, ¡puesto que probablemente ahí terminará parte de ella!

- ½ taza de sal
- 1 taza de harina
- 2 cucharadas de crema tártara
- 1 taza de agua
- 1 cucharada de aceite
- colorante alimenticio (opcional)

Mezcla todos los ingredientes, menos el colorante, en una cacerola. Cuécelo todo a fuego medio hasta que se forme una bola, entre tres y cinco minutos. Incorpora el colorante alimenticio. Deja que la mezcla se enfríe antes de dársela a tu hijo.

He aquí una singular idea que te va a encantar. ¿Has oído hablar alguna vez de la reflexología? Ha sido reconocida durante miles de años por muchas civilizaciones. Actualmente es una ciencia iniciada por el doctor William Fitzgerald, médico norteamericano, a finales del siglo XX. A través de su propia experimentación, descubrió que había puntos en las manos y los pies que estaban directamente relacionados con importantes partes internas del cuerpo de tal forma que si se masajean, mejoran la salud en dichas áreas corporales. Los dedos de las manos y de los pies representan el cerebro, y la parte superior de la palma de las manos y la parte anterior de la planta de los pies representan el corazón, los pulmones y el área del pecho. La mano entera y el pie entero representan todo el cuerpo.

Lo más interesante de esto es que masajear las manos y los pies de tu hijo, además de ser algo agradable, natural y capaz de consolidar el vínculo afectivo, mejora su salud. Por otro lado, también estimula el desarrollo de la motricidad fina en el área de la mano. Hacer al niño un masaje en las manos y los pies parece casi obligado. Aunque es correcto hacer movimientos globales sobre toda la región, tienes además la oportunidad de centrarte en un área particular con el fin de mejorar una debilidad concreta del niño. Puedes escribir esta buena idea en tu cuadro.

Actividades para el desarrollo de la motricidad gruesa

El desarrollo de la motricidad gruesa se centra en el desarrollo de los grandes grupos musculares, como los utilizados para realizar movimientos con los brazos, las piernas y el tronco. Para empezar, mueve suavemente los brazos y las piernas del niño en diferentes direcciones, tanto en la cuna como al prepararlo para la bañera, etc. A medida que muevas y pongas en distintas posiciones los brazos y las piernas de tu hijo a lo largo del día, puedes identificarlos como derechos o izquierdos. Por ejemplo, cuando le pongas unos pantalones, al meter cada pie por su hueco correspondiente di: «Pie izquierdo, pie derecho». Cuando le pongas una camiseta, di: «Mano izquierda, mano derecha». Después de varias repeticiones, el niño aprenderá un concepto que le servirá en adelante para siempre.

Otra actividad relacionada con el movimiento de todo el brazo es cruzar la línea media del cuerpo. (La línea media del cuerpo es una línea imaginaria que divide el cuerpo en dos mitades, derecha e izquierda, y que va desde la cabeza hasta los pies.) Esto significa que el niño puede utilizar la mano derecha para tocar una parte de su cuerpo situada en el lado izquierdo, y la mano izquierda para tocar una parte de su cuerpo situada en el lado derecho. La mayoría de los bebés pueden hacer esto a los pocos meses de edad. Quienes sufren retraso de su desarrollo, sin embargo, necesitan estimulación y algo de ayuda. Es bien sabido que gatear es importante para el desarrollo del cerebro por la disociación cruzada del cuerpo, pues también lo es la capacidad de cruzar la línea media del cuerpo a los pocos meses de edad.

Puedes inventarte un juego que consista en «cruzar la línea media» para fomentar esta capacidad cuando tu hijo llegue a la etapa apropiada. Coloca un objeto a uno de los lados del cuerpo de tu hijo, sujétale suavemente la mano más próxima al objeto y pídele que cruce la línea media de su cuerpo para cogerlo con la otra mano. Hazlo con ambos lados durante varios segundos cada vez. Ésta es también una buena actividad para aquellos preescolares que todavía no demuestran dominancia con una mano y cogen las cosas con la que tienen más cerca del objeto. Probablemente, esto favorecerá la dominancia de una de las dos manos si hay retraso de ésta. Para que un niño pueda aprender a leer y a escribir es necesario que sepa cruzar la línea media del cuerpo; así pues, esta divertida actividad también servirá como ejercicio de preparación para la lectura y la escritura.

La experiencia cognitiva más importante de esta actividad consiste en aprender qué es la «derecha» y qué es la «izquierda». También se produce una interacción social entre padre e hijo. El lenguaje es una parte primordial del ejercicio. Y, una vez más, la autoconfianza es la consecuencia del nuevo aprendizaje.

Actividades para el desarrollo social

Durante sus primeros años de vida, apenas hay un solo momento en el que tu hijo esté realmente solo. Las actividades sociales se suceden a lo largo de todo el día. Cuando aprende, establece una relación con la persona que le está enseñando —padre, abuelo, cuidador o amigo—. Mientras aprende a caminar e intenta conquistar nuevas etapas de su desarrollo, también evoluciona su aspecto social. Incluso cuando lo llevas a dar un paseo, el propósito de la actividad no es más que el de compartir un rato juntos mientras gozáis de la belleza exterior, del aire fresco y del calor del sol. Mientras hablas, favoreces en el niño el desarrollo del lenguaje. A lo largo de tu interacción con él, le vas transmitiendo el mensaje de lo que piensas de él. Tu opinión determina lo que tu hijo pensará de sí mismo, su concepto definitivo de autoconfianza. Cualquier actividad lúdica, ritual cotidiano u otro tipo de interacción constituye un hecho excelente para anotar en el apartado social del cuadro.

Actividades para el desarrollo del lenguaje

El desarrollo del lenguaje es una parte primordial de todo el desarrollo (véase el gráfico de la pág. 19). Tus patrones de lenguaje, al igual que los del cuidador de tu hijo, tienen una influencia directa en la calidad de la expresión del niño. El lenguaje que tú hablas será el lenguaje que hablará tu hijo. Tu gramática y modo de construir frases también tendrán una gran trascendencia. Aquí tienes una idea: añade una palabra o una frase a cualquier lenguaje que exprese tu hijo. Por ejemplo, si tu hijo habla con frases de una palabra, repíteselas con dos palabras. Por ejemplo, convierte «Coche» en «Coche azul» y «Camión» en «Camión grande». Si tu hijo habla con frases de dos palabras, repíteselas con tres. «Coche azul» puede convertirse en «Coche azul grande» y «Camión grande» en «Camión grande y ruidoso». Al añadir palabras, añades también información importante. «La pelota» puede convertirse en «Haz botar la pelota». «Haz botar la pelota» puede convertirse en «Haz botar bien la pelota». No hay reglas para esta actividad. El objetivo es fomentar la conversación. El desarrollo del lenguaje se produce a través de la conversación. Deja que fluya con naturalidad.

Las actividades lingüísticas demuestran de muchas formas su conexión con los otros ámbitos del desarrollo. Cuando hablas a tu hijo, fomentas en él su desarrollo cognitivo. Gran parte de lo que le dices es en forma de instrucciones, y muchas veces estas instrucciones son requerimientos para usar sus habilidades motrices, estimulando así el desarrollo de dicha área. «Haz botar la pelota» es un buen ejemplo. Como la gente no suele hablar a menos que alguien la escuche, el desarrollo social es otro componente típico de las actividades lingüísticas. ¡Observa cómo crece el sentido de autoconfianza de tu hijo cuando te comunicas con él y le demuestras tu interés por todo lo que hace!

Lleva ahora el desarrollo del lenguaje a un nivel superior contando cuentos. Puedes intentar contar «El cuento del día» cuando acuestes al niño. A todo el mundo le gustan los cuentos y ¿a quién no le gustaría oír uno sobre él mismo? Empieza desde el principio y cuenta a tu hijo todo lo que le ha pasado a lo largo del día, desde la mañana hasta el momento en que está escuchando el cuento que le estás contando. Esta actividad estimula además la mente y la memoria (¡habilidades cognitivas!). A medida que empiece a crecer su comprensión del lenguaje, tu hijo podrá participar en esta actividad, recordando contigo los eventos del día. Quizá quieras empezar el cuento de la misma forma cada noche. La familiaridad puede proporcionarle una agradable sensación de seguridad. Esto también puede ofrecerte la oportunidad de repetir los conceptos que te gustaría que el niño recordara. Por ejemplo: «Este cuento cuenta lo que le ha pasado hoy a __________, que vive en la calle __________ y tiene el siguiente número de teléfono __________». Puedes introducir la fecha de su cumpleaños, 1+1 = 2, o cualquier otra cosa que le quieras enseñar. El aprendizaje cognitivo es inherente al cuento. También puedes añadir cierto desarrollo motor si introduces movimientos con las manos, como agitarlas para decir «hola» y «adiós» a la gente que habéis visto ese día. La actividad social surge del hecho de crear juntos el cuento. El desarrollo de la autoconfianza es muy alto en este caso. Un cuento que habla de tu hijo y de lo que hace centra sobre él una atención positiva.

«El primer poema del bebé» y «Jugar y decir» son dos actividades que posiblemente quieras anotar en la categoría de «Lenguaje» de tu «Hoja de recuerdo». Recitarlas es divertido y es necesaria la participación tanto tuya como de tu bebé. La primera actividad está diseñada para favorecer la acción física y la segunda, la respuesta oral. Los poemas fomentan el aprendizaje cognitivo. Están llenos de actividades para la motricidad fina. Debido a la interacción a la que obligan entre padre e hijo, no pueden ser más sociales. Además, la atención centrada en el niño potencia enormemente su autoconfianza. El texto de los poemas está escrito a continuación.

El primer poema del bebé

Objetivo: proporcionar una interacción padre-hijo centrada en las cosas que puede hacer el bebé o que está aprendiendo a hacer durante el transcurso de su primer año de vida.

Descripción: este poema habla de los primeros movimientos físicos que los bebés aprenden a hacer. Cuando digas las palabras haz, con cuidado, los movimientos con el niño.

Uno y uno dos. (Enséñaselo con los dedos.)
Dos y dos cuatro.
Y ahora ya no sé más.
Me puedo levantar. (Levanta al bebé.)
Me puedo sentar. (Sienta al bebé.)
Puedo moverme de aquí para allá. (Mueve suavemente al bebé dibujando un pequeño círculo.)
La mano derecha puedo levantar. (Levanta la mano derecha del bebé.)
La mano izquierda puedo levantar. (Levanta la mano izquierda del bebé.)
¡Y aún puedo hacer más!
El pie derecho puedo levantar. (Levanta el pie derecho del bebé.)
El pie izquierdo puedo levantar. (Levanta el pie izquierdo del bebé.)
Y los dedos de los pies puedo tocar. (Toca los dedos de los pies del bebé.)
También tocarme la nariz. (Toca la nariz del bebé.)
Y con las manos aplaudir. (Coge las manos del bebé y aplaude.)
La cabeza me puedo tocar. (Toca la cabeza del bebé.)
Y los ojos tapar. (Tapa los ojos del bebé.)
También puedo decir: «¡Estoy aquí!». (Destapa los ojos del bebé.)
¡Cuántas cosas puedo conseguir!

Objetivo: estimular y alentar a los niños pequeños a hablar. Como el poema hace preguntas, al niño le gustará participar siguiendo el ritmo.

Descripción: poema que permite la participación del niño con el objetivo de promover el desarrollo del lenguaje.

Añade a las partes que quieras movimientos con las manos.

¿Cómo te llamas tú?
¿Cuántos años tienes tú?
Encantado de conocerte.
Es toda una suerte.
¡A un juego muy divertido vamos a jugar!
Las preguntas que te hago debes contestar.
¿Con qué bebes? (El niño responde a esta pregunta y a las siguientes.)
¿Con qué comes?
¿Dónde se pone la comida?
¿Qué te gusta comer?
¿Qué te gusta beber?
¿A qué te gusta jugar?
Y ¿qué te gusta decir?

Actividades que favorecen la autoconfianza

El desarrollo de la autoconfianza es un ámbito más global y envolvente. Si te fijas en el diagrama «Esquema del desarrollo» que hay en la introducción (pág. 19), podrás ver cómo la autoconfianza es el cerco que se desarrolla como consecuencia de la dominación de destrezas y habilidades. Ayuda a tu hijo a avanzar en todos los ámbitos. Y hazlo con respeto y aprecio. Una excelente manera de mostrar respeto a tu hijo es diciéndole «por favor» cuando le pidas que haga algo por ti. Un modo importante de mostrarle aprecio es diciéndole «gracias» después de haber hecho lo que le has pedido o después de hacer algo positivo por propia iniciativa. La forma de enseñar a tu hijo a decir «por favor» y «gracias» es diciéndole «por favor» y «gracias» a él. Di a tu hijo lo singular que es. Ayúdale a que comprenda que es especial y que valoras sus cualidades únicas. No te olvides de orientar su conducta. Cambia la expresión «mal comportamiento» por «comportamiento incorrecto». Y luego, enséñale qué puede hacer para no volver a repetir el mismo error.

5

Las sugerencias del día a día

La agenda diaria

Llevar una casa se parece mucho a llevar un negocio con una importante sección dedicada al cuidado de tu hijo. Éste necesita un programa completo de cuidados, desde el minuto en que se despierta por la mañana hasta el momento en que lo llevas a dormir por la noche. Puesto que dicho cuidado está mezclado con otros aspectos del negocio, puede resultar difícil lograr que todo funcione bien. Es útil tener algo que te ayude a recordar y planificar las cosas, como la «Hoja de recuerdo II».

Esta hoja sirve para anotar aquellas actividades relacionadas con las rutinas diarias que llevas a cabo con tu hijo, como la hora de las comidas, el baño, el paseo, etc. Es el lugar adecuado para recoger ideas que hagan que los días con tu hijo sean más tranquilos. En el apéndice H encontrarás una copia de esta hoja, que puedes reproducir. Haz varias copias a la vez para que puedas elaborar un programa nuevo cada semana.

Ideas sobre nutrición

Actualmente, la nutrición infantil está en crisis. Como norma, se ofrece a los niños demasiada comida, y también demasiada comida de mala calidad nutritiva como, por ejemplo, comida rápida. Muchos niños comen una cantidad enorme de dulces y alimentos fritos, pobres en nutrientes, y muy pocas frutas, verduras y cereales, altamente nutritivos. Comer no debería considerarse una forma de entretenimiento. Teniendo esto en cuenta, debería costarte menos elegir y preparar comida para tu hijo. Al mismo tiempo que se enseña a un niño a comer, también se le debería enseñar a tener modales en la mesa. Tales modales incluyen un protocolo en la mesa y el arte de la conversación. Es tan grato como cualquier otra diversión, pero no es una diversión. Es una actividad completa, estimulante y enriquecedora, un proceso nutritivo integral por sí mismo.

A continuación tienes algunos consejos que te ayudarán a enseñar a tu hijo a comer correctamente, a disfrutar comiendo y a obtener una nutrición óptima.

1. Básate en la pirámide alimenticia diseñada por el Departamento de Agricultura de Estados Unidos para saber cuántas porciones diarias de cada grupo de alimentos debes dar a tu hijo.

    a) Da a tu hijo entre seis y once porciones diarias de grano integral. Los alimentos de grano integral son los cereales, el arroz, la pasta y el pan natural, sin conservantes ni colorantes ni aromas artificiales.
    b) Dale entre tres y cinco porciones diarias de vegetales.
    c) No te olvides de darle de dos a cuatro porciones diarias de fruta.
    d) Si quieres incluir en su dieta carne, pescado o ave de corral, límitalo a dos o tres porciones.
    e) Si quieres incluir productos lácteos, tampoco le des más de dos o tres porciones diarias.
    f) Los aceites, grasas y dulces deben ser escasos. Cuando quieras añadir grasas a su comida dale mayonesa o man-

tequilla utilizando una cucharilla como ración. Cuando quieras añadir aceite, procura que sea de oliva. Cuando quieras darle dulces, escoge los recién hechos, y no los procesados.

2. Para calcular el número de porciones, piensa que cada una de ellas tendría que tener el tamaño del puño del bebé.
3. Dale agua a lo largo de todo el día y siempre con vaso. Empieza a dársela hacia los 3 meses de edad.
4. Siempre que puedas, dale frutas en lugar de zumo de frutas. Dale zumo de frutas sólo si es natural.
5. Enseña a tu hijo a comer despacio y a masticar bien la comida. Esto ayuda a reducir la cantidad de alimento consumido e incrementa la digestibilidad de los alimentos ingeridos.
6. Procura que coma en una atmósfera con poco ruido, sin estrés y emocionalmente no reactiva.
7. Durante el primer año, lo ideal es darle el pecho. Un primer y excelente alimento que puedes empezar a introducir en su dieta en cualquier momento a partir de los seis meses es puré de plátano.
8. Un sustituto del pecho es el preparado para bebés administrado con biberón. Cuando quieras darle agua o zumo, hazlo en vaso. Aparte de éstas, no hay más bebidas apropiadas para niños. Evita las que tengan ingredientes artificiales.

Ideas para el descanso y el sueño

Descansar y dormir son tan importantes para la buena salud como la nutrición y el ejercicio. El cuerpo humano fue diseñado para dormir muchas horas. La naturaleza coordinó este proceso con las horas de oscuridad. A raíz de este concepto surge la idea de un horario regular de sueño. Los niños pequeños necesitan dormir más horas, motivo por el cual duermen también a ratos durante el día o hacen pequeñas siestas. Además del valor del sueño para la salud del cuerpo, dormir separa los días y hace que cada uno de ellos se convierta en una aventura nueva.

La necesidad de sueño en el adulto se ha reducido de unas diez o doce horas a ocho aproximadamente. Esto no se debe a que el cuerpo humano haya cambiado. El motivo es la transformación de la sociedad. A medida que la vida empezó a volverse más fácil en términos de actividad física, se hicieron necesarias menos horas de sueño para obtener el descanso y la reparación corporal suficientes. Por otro lado, al irse complicando los tiempos, aumentó la cantidad de trabajo y de cosas para hacer, y se hizo necesario más tiempo de vigilia para poder llevarlas a cabo. El descubrimiento de la electricidad favoreció esta tendencia al dar a la gente luz artificial para poder trabajar durante las horas de oscuridad.

A pesar de que los recién nacidos duermen durante la mayor parte del tiempo, cuando pasan a tener 1 y 2 años sus horas de sueño se reducen a doce o trece. Luego, las horas de sueño infantil se vuelven a reducir, pasando de doce a diez aproximadamente. Esta reducción vuelve a ser fruto de un cambio en el estilo de vida, más ocupado, menos físico y más complicado, y no a una disminución de la necesidad de sueño del cuerpo humano.

Así como tu hijo debería comer hasta quedar saciado, también debería dormir hasta despertarse. Tendría que ser un proceso natural. Así como comer los nutrientes suficientes guía su sensación de saciedad, también dormir el tiempo suficiente guía su sensación de estar repuesto. Lo mismo que hemos programado un horario de comidas, compuesto por tres comidas al día más dos o tres tentempiés, hemos programado también un horario de sueño compuesto por un período de tiempo para dormir de diez a doce horas, incluidas las siestas.

Debido a los horarios, las comidas y la nutrición varían cada día, lo mismo que el sueño. Aunque se deban establecer unos horarios para seguir un esquema básico, se puede aceptar el concepto de flexibilidad con el fin de integrar en ellos distintas actividades diarias. La rutina es importante para asegurar el cumplimiento de ciertas prácticas positivas relacionadas con la salud, pero no necesariamente tiene que ser rígida.

Una de las principales funciones del sueño es la reparación de las células del cuerpo. Un sueño adecuado tiene un efecto directo sobre el funcionamiento de todo el cuerpo. Puedes ver esto en el estado de ánimo de tu hijo. Cuando duerme lo suficiente, su estado de ánimo es agradable y más dispuesto a la colaboración y se muestra en plena forma.

El sueño, al igual que la comida, no es algo que se pueda tomar a la ligera. La falta de sueño cobra a la salud de los niños un peaje concreto. Algunos estudios sobre el sueño revelan que dormir poco aumenta el dolor muscular y articular, incrementa las consecuencias negativas del estrés y provoca la resistencia a la insulina, la regulación anormal del azúcar en la sangre y el aumento de peso.

He aquí algunos consejos útiles que te ayudarán a establecer y a controlar una rutina efectiva de sueño y descanso para tu hijo.

1. Baña al niño por la noche. Esto inicia el proceso de relajación.
2. Haz que después de cenar realice actividades tranquilas para empezar así el proceso de desaceleración.
3. Ponlo a dormir en un lugar fresco, oscuro y tranquilo.
4. Pon música suave para ayudarle a coger el sueño.
5. Procura que siempre se acueste a la misma hora. Esto hará que su reloj biológico le haga sentir sueño a la hora de acostarse y que tenga ganas de levantarse por la mañana.

6. No dejes que tu hijo tome ni una sola gota de cafeína. El café, estimulante que inhibe el sueño, puede permanecer en el sistema circulatorio hasta catorce horas. El chocolate y muchas bebidas gaseosas también contienen cafeína.
7. Establece un horario regular para vigilar a tu hijo mientras duerme. Empieza vigilándolo cada quince minutos y luego alarga los intervalos. Esto le da seguridad de un modo positivo y no está relacionado con el hecho de llorar para llamar tu atención.
8. Coge y mece a tu hijo tanto como quieras. Ponlo a dormir a tu lado si lo deseas. Como la sociedad moderna es tan complicada, deja que la naturaleza te guíe para convertir el momento de ir a dormir en el maravilloso y relajante acto que debería ser.

Ideas sobre la autoayuda

La autoayuda es una categoría que consiste en cuidar de uno mismo así como de sus posesiones. Conlleva actividades como arreglarse y ordenar las cosas. Está íntimamente relacionada con el desarrollo de la independencia, proceso gradual que se inicia en la infancia y prosigue hasta los 18 años aproximadamente. Ciertas edades representan pasajes clave en este ámbito. El primero es a los 2 años de edad, momento en el que tu hijo empieza a verse a sí mismo como una entidad independiente. El siguiente es a los 6 años, en el colegio, puesto que es el momento oficial para hacer amigos y relacionarse con ellos de un modo personal y significativo. Luego, está la pubertad, tiempo de transición hacia la adolescencia. Como a los 2 años aunque de diferente forma, tu hijo se ve a sí mismo como una entidad independiente, capaz de tomar sus propias decisiones y de formar una amistad profunda con sus compañeros a un nuevo nivel. La última etapa, a los 18 años, representa la adquisición de una independencia madura y de una verdadera capacidad para tomar decisiones apropiadas y hacer amistades importantes.

Antes de que tu hijo sea capaz de recoger y ordenar los juguetes hacia los 3 años de edad, puedes empezar a hacer con él un juego de preparación. Marca un círculo grande en la estantería de los juguetes; puedes hacerlo con cinta adhesiva o con tiza. Pon en el círculo un juguete fácil de asir. Haz que el niño te mire y saca el juguete del círculo. Dale el juguete al niño y pídele que vuelva a dejarlo en su sitio. De esta forma le estás diciendo que todas las cosas tienen su lugar, pero restringes la acción a un único objeto que tu hijo puede aprender a manejar sin problemas. Repite el juego tantas veces como os siga pareciendo divertido, tanto a ti como al niño. Cuando veas que lo hace bien, puedes ampliar el juego a dos objetos y luego, a tres o cuatro. Cuando adviertas que tu hijo puede encargarse de varios objetos sin problemas, es que ya está preparado para pasar a la siguiente etapa.

Ha llegado el momento de enseñarle a recoger y ordenar los juguetes a modo de actividad regular después de jugar con ellos. Una buena forma de presentar esta actividad es echando una mano. Recuerda que lo que para un adulto puede ser un pequeño desorden, para un niño puede ser un caos difícil de ordenar. Le facilitarás las cosas a tu pequeño si, de forma alternativa, también pones juguetes en su sitio hasta que todo quede recogido. Tu amistosa participación le ayudará a enfrentarse con entusiasmo a la tarea de recoger. Cuando veas que el niño ya domina esta actividad, podrás seguir avanzando.

El siguiente paso en el hecho de compartir la tarea de recoger es decir algo como: «Tú solo no puedes recoger todos estos juguetes». Cuando tu hijo esté preparado, su réplica probablemente será: «Sí que puedo. ¿Quieres verlo?».

Ideas sobre el juego

Jugar es el trabajo de un niño, y los juguetes son sus herramientas. El juego verdadero es una experiencia educativa abierta. Puede sonar frívolo, pero jugar es una actividad sumamente valiosa para tu hijo. Con una gran dosis de curiosidad por delante, tu hijo, a través del juego, aprenderá infinidad de conceptos básicos: pesado y ligero, grande y pequeño, áspero y suave, abierto y cerrado, dentro y fuera, y muchos otros. Gracias a los juguetes que fabricarás con la ayuda de las explicaciones que te ofrece este libro, verás que el juego también puede enseñar a los niños autoconciencia, colores, letras, números, formas y lectura.

Cuanto más elaborado está el juguete, menos valor tiene y, cuanto menos elaborado está, más valioso es. Los juguetes más elaborados son los que hacen cosas. Por ejemplo, tú presionas un botón y aparece una figura. Los menos elaborados son objetos y materiales que el niño utiliza de forma creativa como por ejemplo: arena, agua, arcilla y masilla, pompas de jabón, muñecas, clavijas y tablas para clavar clavijas, pelotas, cubos y otras cosas.

Los niños también deberían jugar con juguetes que tengan valor lúdico. El valor lúdico queda definido por aquellas cualidades que te invitan a jugar. El juguete más bonito o caro puede no tener valor si nadie quiere jugar con él. Las cualidades que debe tener un juguete para que los niños se sientan atraídos a jugar con él son:

- que sea visualmente atractivo,
- que sea interesante al tacto,
- que requiera interacción por parte del niño:
  - con el juguete,
  - con el juguete y otros niños,
- que tenga sorpresa.

Los juguetes de alto valor lúdico no tienen por qué ser caros. Tampoco tienen por qué ser complicados, ni es necesario que estén comercializados. De hecho ¡no tienen por qué ser algo especial! Un ejemplo es una toalla o un paño cualquiera. Durante generaciones, muchos padres han usado la toalla para jugar al «Estoy aquí». Es probable que cada padre tenga su propio estilo, pero básicamente el juego consiste en taparse la cara con la toalla, retirarla y decir: «¡Estoy aquí!». Busca en este humilde trozo de tela las características enumeradas en la página anterior. Las tiene absolutamente todas.

Cuando hagas los juguetes de este libro, verás que todos ellos tienen un alto valor lúdico. Todos son sencillos, fáciles de hacer y baratos. Como podrás comprobar después, la mayoría de ellos están hechos con materiales comunes, como por ejemplo fichas y papel, carpetas sencillas y recipientes de plástico. Tu cubo de reciclaje se convertirá en una fuente inagotable de materias primas para la creación de nuevos y distintos juguetes.

Miscelánea de ideas

Cuando empieces a pedir consejos sobre cómo educar y cuidar de tu hijo te costará seguir todas las buenas ideas que la gente te dará. Aunque habrá consejos que encajarán perfectamente en alguna de las categorías, te encontrarás con otros que no. Si te haces con un montón de sugerencias o consejos de difícil clasificación, crea una hoja de «Miscelánea» con el fin de organizarlos y poder encontrarlos después. Aquí tienes un clásico consejo no clasificable: tu vecina te dice que cuando sus hijos eran muy pequeños se ponían a llorar cuando los dejaba solos en su habitación. Para que no lloraran, se inventó un juego. Les decía: «Me voy, pero vendré para daros una sorpresa». Entonces, de tanto en tanto entraba en la habitación de los niños por sorpresa y les decía: «¡Estoy aquí, os he visto!».

A primera vista esta magnífica sugerencia parece pertenecer a la categoría de las ideas para la autoayuda, puesto que los niños eran menores de 2 años y estaban, como consecuencia, muy ligados a su madre. Cuando un niño está muy ligado a alguien, se altera cuando esta persona se va. Sin embargo, considerándola detenidamente, esta actividad no fomenta de hecho la autoayuda, puesto que en realidad no ayuda a los niños a desarrollar la independencia respecto de su madre. Los niños, en este caso, no intentan por ellos mismos lograr algo nuevo.

Quizá pienses que esta actividad es una actividad lúdica puesto que se trata de una versión creativa del viejo juego «Estoy aquí». Sin embargo, en este caso el propósito de la actividad no es jugar, ni incluye información específica sobre el juguete o el juego. El elemento sorpresa en el juego sólo es un subproducto, es decir, el resultado de la ingeniosa idea de una madre para salir de la habitación de sus hijos sin hacerlos llorar. La miscelánea es la categoría perfecta para recopilar informaciones de este tipo, útiles pero difíciles de catalogar.

La sugerencia más simple puede terminar siendo una gran idea, por lo que merece la pena probar aquellas que, al oírlas, te parezcan atractivas. Hay sugerencias tan sencillas que no requieren tiempo extra para realizarlas. Cuando cuides de tu hijo, quizás encuentres fácil y provechoso decir o hacer una cosa nueva cada vez. Tanto si quieres probar un consejo útil como un programa nuevo y trascendental, confía en la ayuda de la «Hoja de recuerdo II» mientras vives la interesante, enardecedora y gratificante experiencia de la paternidad.

Segunda parte

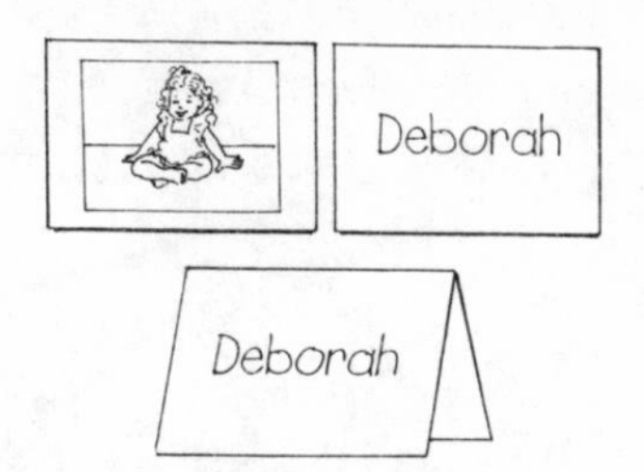

Haz tus propios juguetes educativos

6

Hacer y usar buenos juguetes

Hacer juguetes

Los buenos juguetes para los bebés y niños pequeños son aquellos que gustan a padres e hijos. Cuando a *ti* te gusta un juguete, automáticamente se lo presentas de una forma interesante a tu hijo. Colores brillantes, un sonido seductor, una textura atrayente o un sabor u olor agradables son cualidades todas ellas importantes. Tú y tu bebé seréis socios cuando llegue el momento de dar vida a vuestros juguetes. A medida que vayas conociendo a tu hijo, descubrirás lo que le gusta. Tendrá su propia manera de guiarte hacia su juguete perfecto. Si de verdad lo deseas, serás capaz de hacer manualmente juguetes educativos que gusten a tu hijo.

Cuando empieces, verás que confeccionar juguetes no tiene nada que ver con ser un artista o un educador. Utilizas pocos materiales, sigues métodos cortos y obtienes un producto final que refleja simplicidad. Si sabes cortar y pegar, ¡ya puedes empezar!

A pesar de que estos juguetes están diseñados para lograr ciertos objetivos y no para distinguirse por su belleza o diseño, descubrirás que todos ellos son intrínsecamente atractivos. Sencillamente sigue las explicaciones, y tanto tú como tu hijo quedaréis encantados con los resultados. Si tienes talento artístico, podrás hacer que cada proyecto sea tan singular y elaborado como desees.

Libros hechos a mano. Entre los proyectos de juguetes se incluyen instrucciones para hacer manualmente diferentes tipos de libros. Las páginas hechas con cartulinas de colores quedan preciosas y son de fácil prensión para los bebés. Puesto que se rompen con facilidad, protégelas con papel adhesivo transparente o plastifícalas. Si quieres hacer las páginas más duraderas, utiliza cartón delgado, cartoné o fichas grandes, más consistentes aún. También puedes hacer libros a partir de álbumes de fotos; confecciona tus propias etiquetas para escribir en ellas lo que quieras. Otro material excelente para hacer libros es el fieltro, puesto que les aporta la cualidad de la textura.

Elemento sorpresa. Siempre es un acierto incorporar a un juguete un elemento de sorpresa. Puedes, por ejemplo, añadir una solapa a un «Libro de color». Si pones el nombre de tu hijo o algo como «¡Estoy aquí!» o «¡Sorpresa!» debajo de la solapa, ¡verás cuánto se emocionará tu hijo cuando lo vea! Descubrirás que añadir sorpresas personales a tus juguetes te gustará a ti tanto como a tu pequeño. Además, el hecho de que te gusten los juguetes que fabricas intensificará tu experiencia lúdica con el niño. Tu interacción positiva con tu hijo y sus juguetes será tan importante para el éxito como los propios juguetes.

Seleccionar materiales

En la segunda parte del libro aprenderás a hacer juguetes en cada una de las seis categorías de aprendizaje. Cada categoría tiene su propio capítulo, empezando con el capítulo 7, y en cada uno de ellos hay sugerencias para confeccionar una serie de juguetes que favorecen el aprendizaje en esa categoría, por ejemplo, las formas. Todas las instrucciones incluyen una lista del material necesario para lograr el juguete en cuestión. Los materiales que se sugieren suelen estar al alcance de todo el mundo.

¡Se pueden sustituir los materiales! Es perfectamente correcto hacer sustituciones si piensas que irán igual de bien o incluso mejor. Por ejemplo, puedes preferir usar lápices de colores en vez de rotuladores o cinta adhesiva por ambas caras en vez de pegamento o cola. Para muchos proyectos recomiendo usar fichas de un tamaño determinado, pero muchas veces también se pueden usar otros tamaños.

Papel adhesivo transparente. Tal y como menciono con frecuencia a lo largo del libro, me gusta forrar los juguetes que hago con papel adhesivo transparente. Puedes encontrar rollos de papel adhesivo en muchas ferreterías, papelerías, supermercados y tiendas de todo a bajo precio. Cuando hayas cortado el trozo que necesitas, despega un poco el papel de protección y ve pegando el papel adhesivo sobre el juguete. Luego, ve despegando el resto del papel de atrás a medida que vas pegando el papel adhesivo a la superficie del juguete. Este método es una forma práctica de reducir el número de burbujas que te quedarán en el papel.

Plastificación. Para muchos de los juguetes del libro, sugiero plastificación para proteger tanto al juguete como al niño. Es fácil encontrar servicios de plastificación en muchas tiendas de material de oficina.

Tablero contrachapado. El tablero contrachapado se suele vender en láminas grandes de distintas medidas, por lo que probablemente necesitarás cortarlo a un tamaño más manejable. Si tienes problemas para encontrar alguno de los materiales, recuerda que puedes buscar sustitutos apropiados. No en todos los países hay los mismos materiales.

Seguridad

Sean cuales fueren los materiales que elijas, comprueba que son seguros para los niños. Como el papel de aluminio y algunos papeles para envolver pueden contener plomo, no te olvides de cubrirlos con papel adhesivo transparente; al fin y al cabo, ¡prácticamente todos los bebés se meten en la boca todo lo que cae en su mano! Revisa frecuentemente los contenedores de plástico que estés utilizando, puesto que se rompen con facilidad y dejan bordes afilados. Una vez hayas tenido en cuenta y te hayas ocupado del aspecto de la seguridad, no tienes más límite que el cielo para hacer juguetes. Las ideas aquí presentadas son básicas y están pensadas para hacer que tengas un buen comienzo a la hora de confeccionar tus individualizados y creativos juguetes.

Usar los juguetes

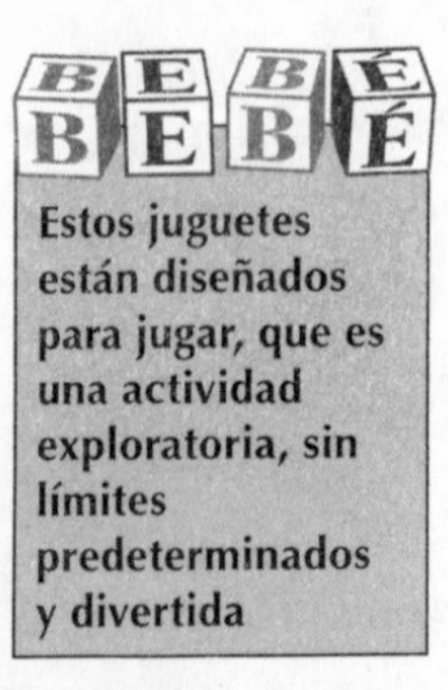

Así como no hay límites para la creatividad que puedes derrochar en tus juguetes, tampoco los hay para el número de maneras en las que a ti y a tu hijo se os puede ocurrir jugar con ellos. Recuerda, son juguetes y, como tales, están hechos para jugar. No son material académico ideado para enseñar o para utilizarlo como deberes ni nada parecido. Estos juguetes están diseñados para jugar, que es una actividad exploratoria, sin límites predeterminados y divertida. Y no hay excepciones.

7

Juguetes para desarrollar la autoconciencia

Desarrollar la autoconciencia

La vista de tu bebé se desarrolla de forma gradual y se afina con el tiempo. A medida que su visión mejora, también mejora su apreciación del mundo que ve. A las cuatro semanas, el bebé ya se interesa por las caras que se acercan a él, a unos 20 cm de distancia. Hacia la octava semana, te das cuenta de cómo al niño le gusta ver gente moviéndose por la habitación. A medida que pasa el tiempo, tu pequeño va teniendo más oportunidades de ver la gente que hay a su alrededor y de mirar su propia imagen en un espejo. Pronto llegará a reconocer su casa y las cosas que hay en ella. Poco a poco, tu hijo va haciendo conexiones que le llevarán a reconocerse a sí mismo y a su familia. A las ocho semanas, tu bebé está muy ocupado desarrollando su sentido de autoconciencia.

Tres años enteros tardará tu hijo en desarrollar su sentido de autoconciencia. Tú desempeñas un papel primordial en el proceso gradual de autodescubrimiento de tu hijo. Tu principal contribución consiste, sencillamente, en estar con él tanto como puedas y en proporcionarle tanta confianza y retroalimentación positiva como sea posible. Los juguetes de esta sección están específicamente pensados para ayudarte a interactuar con tu hijo de una forma divertida y positiva. Estos juguetes tienen la capacidad de promover la autoconciencia de tu hijo y la progresiva independencia que le acompaña. Estos juguetes son: «El juguete de mi nombre», «Mi familia», «Mi historia», «Mis amigos», «Decoración personalizada de la habitación», «Espejito-espejito», «El bastidor para juguetes» y «La bolsa de los juguetes».

El juguete de mi nombre

Figura 7.1. El juguete de mi nombre.

Edad: desde el nacimiento hasta los 18 meses.

Objetivo: enseñar al bebé a reconocer visualmente su nombre como palabra y su imagen como fotografía. Con este juguete aprenderá gradualmente que ambas cosas le representan.

Descripción: un caballete de cartulina puesto en pie con el nombre del niño por un lado y una fotografía suya por el otro: dos formas de enseñar al niño a reconocer su propio nombre.

Material:

- Una fotografía de tu hijo.
- Dos fichas de cartulina sin rayas de 12 × 20 cm.
- Papel adhesivo transparente.

- Cinta adhesiva.
- Pegamento o cola blanca, o cinta adhesiva doble.
- Tijeras.
- Rotuladores o lápices de colores.

Instrucciones: escribe el nombre de tu hijo en un lado de la ficha. Haz la primera letra en mayúsculas y escribe el resto del nombre en minúsculas. Escribe claro y con letras grandes. Pega una foto de tu hijo en la otra ficha. Pega las fichas por el borde superior de la cara posterior de ambas para que el pegamento no se vea. Luego, fórralas juntas con papel adhesivo transparente o plastifícalas para hacer «El juguete de mi nombre». Esta protección evitará que la fotografía se estropee y que el nombre se ensucie. Luego, dobla las tarjetas.

CÓMO USAR ESTE JUGUETE Y DIVERTIRSE CON ÉL

A los bebés les gustan las tarjetas y las fotografías atractivas, y con este juguete le estás ofreciendo ambas cosas mediante una imagen duradera y muy interesante. Sea cual fuere el lado que mire tu hijo, haz comentarios sobre él y llámalo por el nombre del niño.

Desde el nacimiento hasta los 3 años. Durante los primeros meses, tu hijo sencillamente mirará la tarjeta cuando tú la cojas. Pronto podrá cogerla él solo y darle la vuelta para ver ambas caras. No pasará mucho tiempo antes de que la lleve de un lado a otro para enseñársela a los miembros de la familia y amigos invitándolos a mirarla al tiempo que señala su propio nombre y su fotografía.

Mi familia

Edad: desde el nacimiento hasta los 3 años.

Objetivo: ayudar a tu hijo a aprender a identificar por su nombre a todas las personas de la familia. Además, este juguete está pensado para enseñar el concepto de «familia».

Descripción: se trata de un libro hecho a mano a partir de un álbum de fotos cuyo título es «Mi familia». Recomiendo poner todas las fotografías en las páginas de la derecha y pegar todos los nombres, escritos con rotulador en una ficha, en las páginas de la izquierda. Para cada foto, pon en la página opuesta la palabra que nombre al familiar en cuestión. Por ejemplo, si pones una foto de la abuela en la página de la derecha, pega en la de la izquierda una ficha en la que ponga «abuela». Presenta a cada miembro de la familia de forma individual. Incluye a todo aquel que pertenezca a la familia, como mamá, papá, abuelo, abuela, hijo, hermano, hermana, primos, tío y tía. Identifica a los hermanos, hermanas, primos, primas, tíos y tías por sus nombres (por ejemplo, «tía Irene»; «Cintia» para una hermana que se llama Cintia; «Yaya» para una abuela, si se la conoce por ese nombre). No es sólo un libro de fotos, es además un libro de iniciación a la lectura.

¡Para estar en *este* libro, tienes que pertenecer a la familia! Como el libro trata de los miembros de la familia, tendrá mucho interés para tu hijo; querrá mirarlo una y otra vez. Desde los primeros días, tu hijo se familiarizará con los integrantes de su familia y con las palabras que los representan.

Material:

- Álbum de fotos.
- Fichas de 10 × 15 cm, tantas como miembros de tu familia o páginas tenga el álbum de fotos.

- Fotografías individuales y bien enfocadas de cada uno de los miembros de la familia.
- Rotulador o lápiz.

Instrucciones: escribe en cada ficha el nombre de un miembro de la familia con letras grandes (mayúscula y minúsculas). Pega cada una de las fichas en el centro de la página de la izquierda y la foto que corresponda a cada ficha en la página opuesta de la derecha. Escribe en una ficha «Mi familia» y pégala en la página reservada para el título.

Cuando pongas las fotografías en el álbum, estandariza la forma de colocarlas en el libro. Si la mayor parte de las fotos son verticales y tienes unas pocas horizontales, recorta estas últimas para que adquieran un formato vertical. Si la mayor parte de las fotos son horizontales y tienes unas pocas verticales, recorta las verticales para que se puedan pegar de forma horizontal.

Con un lápiz o rotulador, escribe con claridad los nombres en las fichas. Pega cada ficha en el centro de la página de la izquierda opuesta a la página de su foto correspondiente. Pon siempre de la misma forma las fotos y las fichas para que las páginas de los nombres y las de las fotos mantengan una apariencia constante a lo largo de todo el libro.

CÓMO USAR ESTE JUGUETE Y DIVERTIRSE CON ÉL

Desde el nacimiento hasta los 18 meses. Mira el libro con tu hijo. Para cada miembro de la familia que aparezca en el libro, señala la ficha de la página de la izquierda y lee el nombre escrito en ella. Luego, señala la foto de la página de la derecha y repite el nombre de dicha persona. Esta actividad, con el tiempo, enseñará a tu hijo que una determinada palabra y su fotografía correspondiente son dos formas distintas de representar a la persona real. A tu pequeño le encantará mirar estas fotos de las personas con las que le gusta estar y pronto se divertirá también diciendo sus nombres. Ésta es para todos una bonita manera de ver fotos familiares en compañía del niño. También es una buena forma de enseñar al niño quiénes son la abuela o el abuelo u otros miembros de la familia que viven lejos de él.

De los 18 meses a los 3 años. Tal como hiciste cuando era un bebé, mira el libro con él. Señala a tu hijo una ficha dispuesta en una de las páginas de la izquierda y lee el nombre del familiar escrito en ella. Luego, señala la fotografía de esa persona dispuesta en la página opuesta y repite su nombre. Mediante la repetición y la adquisición de familiaridad con el juguete, tu hijo aprenderá poco a poco a leer este libro él mismo. Al principio, puedes leer en voz alta los nombres y, gradualmente, ir dejando que el niño intervenga cada vez más mientras tú sólo se los señalas. En poco tiempo, tu hijo será capaz de leer todos los nombres.

Cuando tu hijo ya domine esta versión del juego, tapa las fotografías y deja que lea sólo los nombres. Llegará un momento en el que podrás retirarte totalmente del juego: ¡no tendrás más que sentarte, relajarte y divertirte viendo cómo tu hijo lee él solo *Mi familia*!

Mi historia

Figura 7.2. Mi historia.

Figura 7.3. Mi historia.

Edad: desde el nacimiento hasta los 3 años.

Objetivo: ayudar al niño a verse a sí mismo como parte de experiencias pasadas positivas. Por otro lado, este juguete también está pensado para ser un cuento interesante.

Descripción: se trata de un libro hecho a mano titulado «Mi historia». Recomiendo poner las fotos en las páginas de la derecha y los enunciados, escritos en fichas con rotulador, en las páginas de la izquierda. Para cada fotografía, pon una ficha escrita con un número apropiado de palabras (que dependerá de la edad del niño) en la página de la izquierda correspondiente.

Para hacer el libro, busca fotografías relacionadas con tu hijo. Pueden mostrar lugares a los que ha ido, su casa o personas u objetos de su casa. También pueden estar relacionadas con algún tema determinado, como instantáneas de alguna excursión familiar o de su fiesta de cumpleaños.

Añade a las fotos alguna frase corta que refleje el nivel de lenguaje del niño: en general, una palabra para niños de hasta 1 año, dos palabras para niños de hasta 2 años y tres palabras para niños de hasta 3 años. Éste es tanto un libro de fotos como un libro de lectura. Al tratar, además, sobre cosas que tu hijo conoce o ha experimentado, guardará mucho interés para él y querrá mirarlo muy a menudo. Mediante la repetición y familiarización con el libro, tu hijo formará asociaciones positivas con las personas, lugares y cosas importantes para él, así como con las palabras que las representan.

Cuando escribas las etiquetas...

En general, escribe una palabra para los niños de hasta 1 año, dos palabras para los niños de hasta 2 años y tres palabras para los niños de hasta 3 años.

Material:

- Un álbum de fotos.
- Fichas de 10 × 15 cm, tantas como páginas tenga el álbum.

- Fotos de personas, lugares o cosas familiares para tu hijo.
- Un lápiz o rotulador.

Instrucciones: busca fotografías que te gustaría incluir en este libro y, si quieres, ponlas por orden.

Invéntate un enunciado para cada fotografía: coge una ficha y escribe en ella, con lápiz o rotulador y letras grandes, una o varias palabras que describan la fotografía. Haz en mayúsculas la primera letra y las siguientes en minúsculas, como «Casa». Recorta las fichas para que todas tengan el mismo tamaño y utiliza el mismo tipo de caligrafía para escribir todos los enunciados. Pega las fichas en el centro de las páginas de la izquierda de forma que coincidan con la fotografía de la derecha que cada una de ellas describe.

Escribe «Mi historia» en otra ficha y ponla en la página reservada para el título (la primera del libro).

Pega las fotografías en las páginas de la derecha, una por página, y procura que al hacerlo te queden centradas. Procura también ponerlas o todas verticales o todas horizontales, para un resultado más armónico. Por ejemplo, si la mayor parte de las fotos que tienes están tomadas verticalmente pero cuentas con alguna de formato horizontal, recorta estas últimas hasta que adquieran un formato vertical.

CÓMO USAR ESTE JUGUETE Y DIVERTIRSE CON ÉL

Desde el nacimiento hasta los 18 meses. Mira el libro con tu hijo. Señala la página de la izquierda y lee las palabras que hay en ella. Luego, señala la página de la derecha y repite el enunciado mientras miras la fotografía. Este procedimiento enseñará a tu hijo que una determinada palabra y su correspondiente foto son dos formas distintas de representar la misma cosa. (Por ejemplo, tanto a una foto como a la ficha que hace pareja con ella se las puede identificar como «El parque».) A tu hijo le encantará mirar estas fotos y pronto disfrutará también pronunciando las palabras tal y como tú haces. Esta actividad es para todos un modo divertido de mirar fotos familiares junto al niño y es también una buena forma de recordar al niño experiencias agradables del pasado.

Desde los 18 meses hasta los 3 años. Mira el libro con tu hijo y disfruta de cada fotografía. Señala la página de la izquierda y lee lo que haya escrito en ella. Señala luego la fotografía de la página opuesta y, mientras la observas, repite las mismas palabras. A base de repetir esta actividad, el niño se familiarizará con el libro y aprenderá, poco a poco, a leerlo por sí solo. Al principio, di tú todas las palabras y, gradualmente, deja que el niño intente decirlas él mientras tú se las señalas. En poco tiempo, tu hijo será capaz de leer los enunciados a medida que tú se los vayas señalando.

Después de esto, invéntate un juego nuevo: tapa las fotos y deja que el niño lea los enunciados él solo. Con el tiempo, podrás retirarte completamente del juego. Sentada y relajada, disfrutarás oyendo cómo tu hijo lee «Mi historia» él solito.

¿Una colección de «Mi historia»?

Cuando termines el libro «Mi historia» es posible que hagas muchos más, poniendo de relieve en cada uno de ellos un tema o suceso distinto. Siempre que lleves a revelar un carrete de fotos, di que te hagan dos copias. Así, podrás dar fotos a los demás, pero también podrás reservar algunas para hacer estos libros que tan especiales son y tanto gustan a tu pequeño.

Mis amigos

Edad: desde el nacimiento hasta los 3 años.

Objetivo: hacer que tu hijo se vea como parte de un grupo de amigos. Además, este libro está diseñado para hacer que tu hijo se familiarice con palabras nuevas de gran interés para él: los nombres de sus amigos.

Descripción: este libro especial hecho a mano cuyo título es «Mis amigos» está reservado para fotos de los compañeros de tu hijo. En un álbum de fotos de 10 × 15, o del tamaño que cada uno prefiera, se ponen fotos individuales de los amiguitos del niño en las páginas de la derecha y un cartelito con el nombre de cada niño en las páginas de la izquierda opuestas a sus fotos.

En este libro sólo se podrán poner fotos de los amigos del niño. Posiblemente tengas ya muchas fotos de los niños que más se relacionan con tu hijo, pero si no es así, pide a sus padres fotos para el libro. Éste será otro libro que fascinará a tu hijo y que, además, le enseñará vocabulario nuevo.

A la hora de hacer los enunciados de las fotos, procura elegir palabras apropiadas para el nivel de lenguaje del niño: haz enunciados de una palabra para los niños menores de 1 año, escribe frases de dos palabras para los niños menores de 2 años y frases de tres palabras para los niños menores de 3 años. «Mis amigos» es, al mismo tiempo, un libro de fotos *y* un libro de lectura. Este libro tendrá mucho interés para tu hijo puesto que trata de niños que conoce; ¡prepárate, pues, para oír cómo tu hijo te pide ver el libro una y otra vez!

Material:

- Un álbum de fotos.
- Fichas de 10 × 15 centímetros (tantas como páginas tenga el álbum).

- Fotografías de los amigos de tu hijo.
- Un lápiz o rotulador.

Instrucciones: reúne fotos de los amiguitos de tu hijo y, si quieres, ordénalas de un modo concreto.

Pon las fotos, una por página, en las páginas de la derecha del álbum procurando que te queden centradas. Intenta poner todas las fotos en sentido vertical o todas en sentido horizontal para dar cierta armonía al libro. Por ejemplo, si casi todas las fotos de que dispones están tomadas verticalmente pero cuentas con algunas de formato horizontal, recorta estas últimas hasta convertirlas en fotografías de formato vertical.

Invéntate para cada fotografía un enunciado de una, dos o tres palabras, dependiendo de la edad de tu hijo. Procura que todos los cartelitos tengan las mismas dimensiones. Coge el lápiz o rotulador y escribe los citados enunciados descriptivos en fichas blancas con letras grandes. Escribe la primera letra en mayúsculas y el resto en minúsculas, como «Juan» o «Juan sonríe». Usa el mismo tipo de caligrafía para todos los cartelitos. Centra y pega cada cartelito en la página de la izquierda del álbum que quede opuesta a la fotografía que describe.

En otra ficha escribe «Mis amigos» y ponla en la página del título (la primera del libro).

CÓMO USAR ESTE JUGUETE Y DIVERTIRSE CON ÉL

Desde el nacimiento hasta los 18 meses. Coge a tu hijo y lee este libro con él. Empieza por una página de la izquierda, señala la página y lee en voz alta el nombre escrito en ella. Luego, señala la fotografía de la página correspondiente de la derecha y repite el nombre. Con este procedimiento el niño aprende que una palabra determinada y su correspondiente fotografía son dos modos distintos de representar la misma cosa. Por ejemplo, la pareja formada por un cartelito y su pertinente foto puede ser «Clara» con «Clara» deletreado en una página y la foto de Clara en la página opuesta. A tu pequeño le encantará mirar estas fotografías, aunque pronto disfrutará también pronunciando los nombres tal y como tú haces. Ésta, además de ser una bonita forma para todos de ver fotos de los amigos de tu hijo juntos, es también una buena forma de enseñar al niño que es parte de otro grupo social llamado «amigos».

Desde los 18 meses hasta los 3 años. Lee el libro junto al niño. Empieza por una página de la izquierda, señala el cartelito y lee la palabra o la frase escrita en él. Luego, señala la fotografía de la página opuesta y repite las mismas palabras. Después de jugar varias veces a este juego con tu hijo, llegará un momento en que éste podrá leer el libro solo. A medida que tu hijo empiece a familiarizarse con las palabras y las fotos, deja que empiece a decir él las palabras, mientras tú se las señalas. Pronto sólo tendrás que señalar los nombres y escuchar cómo tu hijo los lee. Ahora invéntate un juego nuevo: tapa las fotos y deja que tu hijo leas los nombres. Al final, tu «trabajo» consistirá en ponerte cómoda, relajarte y disfrutar viendo cómo tu pequeño lee «Mis amigos» por sí solo.

¡Haz más libros!

Cuando tú y tu hijo hayáis disfrutado de este libro titulado «Mis amigos», quizá quieras hacer otros libros sobre temas que interesen de forma especial a tu hijo. Así pues, puedes hacer libros sobre «Mis juguetes», «Flores», «Árboles» o «Animales», entre otros. Sólo tienes que coger una revista relacionada con el tema sobre el cual quieres hacer el libro, recortar las fotos o dibujos que te interesen y seguir las mismas instrucciones que para hacer el libro «Mis amigos». No hay límites para la variedad de libros atractivos que puedes fabricar ni para la creatividad que puedes derrochar al hacer estos trabajos.

Decoración personalizada de la habitación

Figura 7.4. Decoración personalizada de la habitación.

Edad: desde el nacimiento hasta los 3 años.

Objetivo: enseñar al niño a reconocer su nombre por escrito y a asociarlo con su retrato. También está diseñado para ayudarle a ver cuánto ha crecido desde que era un bebé hasta el primer año y hasta los 2 años, y cómo ha sido durante las etapas intermedias.

Descripción: la «Decoración personalizada de la habitación» es un colorido mural para colgar en la pared con el nombre del niño escrito con letras grandes y un espacio para su retrato. Así como tu hijo se irá familiarizando poco a poco con todos los demás cuadros y murales que haya en casa, también se familiarizará con éste, gracias al cual aprenderá a reconocer su propio nombre.

Material:

- Un trozo de tablero contrachapado de 30 × 45 cm o una carpeta abierta.
- Una foto actual del niño.
- Cinta decorativa.
- Trozos de tela o recortes de papel de empapelar paredes o de papel de regalo.
- Taladro de papel.
- Hilo o cordel, unos 60 o 70 cm.
- Tijeras.
- Pegamento o cola blanca, o cinta adhesiva doble.
- Un lápiz o rotulador.

Instrucciones: coge el lápiz o rotulador y escribe con letras grandes el nombre de tu hijo en la cartulina o carpeta abierta. Escribe la primera letra en mayúsculas y el resto en minúsculas. Procura que el nombre te quede grande y claro para que resulte fácil de leer.

Utiliza la cinta para hacer cuatro esquinas o pestañas y pégalas en el centro de la cartulina de acuerdo con las dimensiones de la foto del niño. Pon la foto en el cuadro introduciendo sus esquinas en estas pestañas de cinta. Cambia la foto a medida que el niño vaya creciendo para que sea siempre actual. En lugar de tirar o guardar las fotografías viejas, pon cada nueva foto sobre la anterior. Así, tendrás una colección secuenciada de fotos que permitirá ver cómo ha cambiado el niño desde su nacimiento hasta los tres años.

Utiliza más cinta para estampar el nombre del niño; pégala al mural con pegamento o cola. (Si utilizas hilo de atar paquetes de regalo o fieltro para estampar el nombre del niño te quedará muy bonito y hará que resalte.) Sírvete de trozos de tela, papel de empapelar paredes o papel de regalo para hacer un margen alrededor de todo el mural con el fin de embellecerlo y hacerlo más decorativo. No hay un modo único de hacer esto, ¡cuanto más creativa seas, mejor! Cuando hayas terminado de decorar el mural, haz un agujero en las esquinas de arriba. Pasa un hilo o cordel por los agujeros y átalo de forma que puedas colgar el producto acabado en un lugar destacado de la habitación del niño.

CÓMO USAR ESTE JUGUETE Y DIVERTIRSE CON ÉL

Desde el nacimiento hasta los 18 meses. Cuando saques al niño de la cuna por la mañana o le des los buenos días en la cama, llévalo hacia la «Decoración personalizada de la habitación», señala su nombre y dilo en voz alta y luego señala su retrato y vuelve otra vez a decir su nombre. De este modo tu hijo aprenderá que la palabra para el nombre escrito y la palabra para el retrato son la misma.

De los 18 meses a los 3 años. Cada mañana o cada noche, lleva a tu hijo ante su «Decoración personalizada de la habitación». Señala su nombre y dilo y luego señala el retrato y repite su nombre de nuevo. De vez en cuando, saca la fotografía del marco junto con todas las fotos anteriores almacenadas tras ella. Ponlas sobre una mesa y ordénalas cronológicamente. Ve señalando las fotos por orden para enseñar al niño cómo ha crecido desde que era un bebé hasta el niño mayor que es hoy. Con el tiempo, deja que tu hijo participe en la medida de lo posible en la tarea de poner las fotos por orden.

Espejito, espejito

Figura 7.5. ¡Espejo mágico!

Figura 7.6. Espejo irrompible.

Edad: desde el nacimiento hasta los 3 años.

Objetivo: dar a tu hijo la oportunidad de usar su imagen reflejada como estímulo para su crecimiento cognitivo, social y lingüístico.

Descripción: un espejo para jugar. Puedes usar un espejo grande colgado en la pared o un espejo de mano pequeño, que sea irrompible y que el niño pueda manipular.

Material:

- Un espejo grande de pared o un espejo de juguete irrompible.

Instrucciones: utiliza un espejo de pared que ya tengas en casa o compra un espejo irrompible.

CÓMO USAR ESTE JUGUETE Y DIVERTIRSE CON ÉL

Desde el nacimiento hasta los 18 meses. Muestra a tu bebé su imagen en el espejo. Sencillamente, diviértete con esta experiencia y observa lo que pasa. Deja que tu bebé guíe el juego. Cuando se mire en el espejo y responda a su imagen, su expresión cambiará. Cuando cambie su expresión, volverá a responder a su imagen como si se tratara de una imagen nueva. Si te fijas, esta secuencia se repetirá una y otra vez. Esta sencilla actividad lúdica ayuda a tu bebé a irse conociendo cada vez mejor.

De los 18 meses a los 3 años. Sigue con el mismo tipo de juego libre descrito para los bebés hasta que el niño tenga 18 meses. Ahora, añade al juego ejercicios más específicos. Coge a tu hijo por la cintura, ponte delante del espejo y observa cómo el niño alarga el brazo hacia la imagen del espejo. Si *tú* haces un gesto en el espejo, como por ejemplo sonreír o moverte de un lado a otro, tu hijo también sonreirá o se moverá. Si produces sonidos, como clic-clic-clic o la-la-la, tu hijo probablemente repetirá los mismos sonidos, o lo intentará. Si ves que tu hijo hace un gesto o un ruido, no tengas miedo de imitarlo en respuesta; es más, anímalo a hacer más gestos y más ruidos.

El bastidor para juguetes

Figura 7.7. Bastidor para juguetes.

Edad: desde el nacimiento hasta los 3 años.

Objetivo: ayudar al bebé a desarrollar su independencia y enseñar al niño que cada cosa tiene su sitio, de forma que pronto pueda participar en la tarea de recoger sus pertenencias.

Descripción: el bastidor para juguetes es, en realidad, un zapatero. Comprueba que los bolsillos son lo bastante grandes como para que el niño pueda guardar en ellos y sacar de ellos sus juguetes con facilidad.

Asigna a cada juguete un bolsillo determinado del zapatero y guárdalos sólo en ese bolsillo concreto. Con este zapatero tan fácil de usar, tu hijo aprenderá a encontrar sus juguetes. Empezará a adquirir cierta sensación de orden y a cuidar sus pertenencias.

Material:

- Un zapatero para niños, a la venta en la mayoría de tiendas de cosas para el bebé.

- Pequeños trozos de cuerda, hilo o cinta para colgar el zapatero en alguna parte.
- Varios juguetes blandos que sean, como mínimo, del tamaño de tu puño.

Instrucciones: sujeta el zapatero con los cordeles a la cuna, al parque, a una puerta o a la pared.

CÓMO USAR ESTE JUGUETE Y DIVERTIRSE CON ÉL

Desde el nacimiento hasta los 9 meses. Pon un juguete blando en cada uno de los bolsillos del «Bastidor para juguetes» (zapatero). Colgado en la cuna, la decora al tiempo que guarda los juguetes blandos. Cada noche, recoge los juguetes que han quedado esparcidos por la cuna y guárdalos en los bolsillos. Por las mañanas, sácalos y vuelve a ponerlos dentro de la cuna para que el niño juegue con ellos.

De los 9 meses a los 18 meses. Pon en cada uno de los bolsillos del bastidor alguno de los juguetes blandos preferidos de tu hijo. Guarda cada juguete en su bolsillo por las noches y, tanto si el bastidor está colgado de la cuna, del parque o de cualquier otro sitio, observa cómo el niño los saca por las mañanas. Si cuelgas el bastidor en la cuna, podrás dormir un poco más por las mañanas puesto que el bebé habrá aprendido a encontrar sus juguetes para jugar.

Desde los 18 meses hasta los 3 años. Pon un juguete blando en cada uno de los bolsillos del bastidor para juguetes. Cuélgalo en un lugar en el que tu hijo pueda acceder por sí solo a los juguetes almacenados en sus bolsillos. Ahora, utiliza esta actividad para enseñar al niño que hay que guardar cada cosa en su lugar después de jugar. Tu hijo ya estará habituado a ver los juguetes en su «sitio». Habla con el niño sobre dónde va cada juguete, a qué bolsillo. Entonces, saca un juguete y pide al niño que lo vuelva a poner en su lugar. Posteriormente, saca dos juguetes y haz que el niño los ponga en sus correspondientes bolsillos. Luego, saca tres juguetes, cuatro, etc. La idea es que, mediante el juego y la práctica, tu hijo aprenda a guardar todos los juguetes en sus ubicaciones concretas del «Bastidor de juguetes», acción que le provocará una sensación de éxito e independencia.

La bolsa de los juguetes

Edad: desde el nacimiento hasta los 3 años.

Objetivo: tener algo en lo que transportar juguetes de un lugar a otro fácilmente. Esta sencilla bolsa te permitirá sacar y limpiar todo un grupo de juguetes.

Descripción: usar una bolsa para la ropa sucia, un bolso o una bolsa de playa para poner juguetes dentro.

Material:

- Una bolsa de tela que te guste.

Instrucciones: coge una bolsa que te guste y pon en ella una serie de juguetes de tu hijo.

CÓMO USAR ESTE JUGUETE Y DIVERTIRSE CON ÉL

Una forma fácil de llevar algunos juguetes a otra habitación, a la casa de otra persona o a cualquier otro lugar donde quieras tener a tu niño entretenido es valiéndote de una o más bolsas como éstas de juguetes. Cuando necesites transportar juguetes de forma improvisada, estas bolsas te facilitarán la tarea.

8

Juguetes basados en colores

Reconocer los colores

Tan pronto como un niño puede ver, empieza a reconocer los colores. Los juguetes descritos en este capítulo —«Cajas de colores», «Libros de colores», «Tarjetas de colores», «Cestas de colores» y variaciones de éstos— harán que tu hijo adquiera práctica en la distinción de los colores. A la larga, con estos juguetes tu hijo también aprenderá los nombres de los colores y desarrollará habilidades manipulativas. Estos juguetes a base de colores, además de fomentar el juego, la creatividad y la diversión, también enseñan conceptos básicos muy importantes. Cuando el niño manipule los objetos que guardan las cajas de colores, experimentará, al mismo tiempo, muchos conceptos: duro y blando, áspero y suave, grande y pequeño y muchos más. Por otro lado, tendrá la oportunidad de aprender mucho vocabulario distinto en función de a qué hagan referencia los diferentes objetos de la caja durante el transcurso del juego. Los libros de colores están repletos de interesantes dibujos que, además de gustar a tu hijo, le ofrecen información.

Cajas de colores

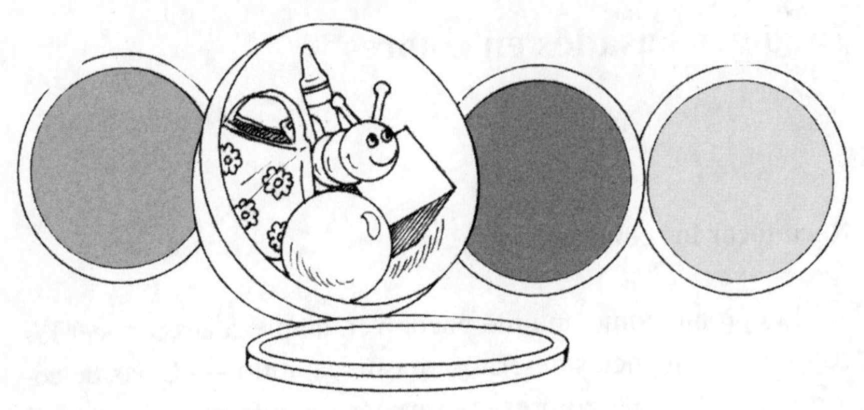

Figura 8.1. Cajas de colores.

Edad: desde el nacimiento hasta los 3 años.

Objetivo: enseñar al bebé a identificar los colores y darle la oportunidad de manipular objetos y de llevar a cabo actividades educativas tales como clasificar, secuenciar, contar y desarrollar su vocabulario.

Descripción: cuatro recipientes grandes y con tapas de los siguientes colores: rojo, amarillo, azul y verde, llenos de objetos del mismo color que la tapa de su recipiente.

Material:

- Cuatro recipientes grandes [del tipo *tupper*] de plástico con tapa; los más adecuados son los de 1, 2 o 4 l.
- Cuatro hojas, una de ellas de color rojo, otra amarilla, otra azul y la última verde, lo suficientemente grandes como para cubrir las tapas de los recipientes y con la textura que prefieras, como fieltro, papel adhesivo suave o cartulina.
- Tijeras.
- Cola blanca (o pegamento, si usas cartulina).

- Objetos pequeños que quepan dentro de los recipientes; tres o cuatro de cada color: rojo, amarillo, azul y verde.

Instrucciones: asigna a cada recipiente una de las cuatro hojas de colores, de forma que cada recipiente esté representado por un color distinto. Traza sobre las hojas de colores la silueta de la tapa de cada recipiente, recórtalas y pega las circunferencias resultantes, una de cada color, en la superficie de su correspondiente tapa. Si utilizas un material con textura, como por ejemplo fieltro suave o papel adhesivo, añades al juguete otra dimensión y das al bebé algo que además de resultar interesante para la vista, también lo es para el tacto. Pega las siluetas a las tapas de sus correspondientes recipientes.

Llena los recipientes de objetos de su mismo color (o muy parecido). Por ejemplo, mete en el recipiente de tapa roja los objetos que tengas de color rojo. Haz lo mismo con las restantes cajas de colores. Procura que los objetos que metes en las cajas estén limpios y no encierren peligro alguno para el niño cuando juegue con ellos: ni demasiado pequeños como para que pueda tragárselos, ni demasiado ásperos, ni rotos, ni con bordes afilados. Además, procura elegir objetos que al niño le resulten interesantes a la vista y al tacto. Cintas cortas de color rojo, cubos de plástico verdes, mallas amarillas de bolsas de limones (sin la grapa de cierre), cucharillas para el café, trozos de papeles de colores y piezas sueltas de juguetes viejos se convierten en magníficos objetos para meter en las cajas. Registra tu casa en busca de objetos que no uses y que, posiblemente, sean para tirar. ¡Todas las casas tienen tesoros escondidos como éstos!

Desde el nacimiento hasta los 18 meses. A los bebés y a los niños pequeños les encanta vaciar y llenar recipientes y se sienten atraídos por los objetos con textura. Juega con un recipiente cada vez. Observa cómo tu hijo saca uno por uno los juguetes de su caja y los vuelve a poner después, o invéntate un juego que se adapte al nivel de interés del niño. Una idea es poner el recipiente del revés y esconder debajo un objeto. Otra idea es ir contando los objetos uno por uno. A medida que el niño vaya cogiendo los objetos, desígnalos por su color: «cinta roja, carrete rojo, cubo rojo», etc. El abuelo y la abuela jugarán con estas cajas a su manera, y todo aquel que participe en el juego del bebé se referirá a los recipientes por su color. Pronto, tu hijo será capaz de traerte la caja del color que le pidas, y un día le oirás a él mismo nombrar el color de las cajas. Cualquier niño, por pequeño que sea, puede jugar a este juego. Aunque tu hijo no sea capaz de sentarse todavía, ponlo sobre tus rodillas y ve nombrando los objetos de color a medida que se los vas enseñando.

Desde los 18 meses hasta los 3 años. A esta edad resulta muy apropiado hacer otras actividades más sofisticadas relacionadas con los colores.

Jugar a apilar. ¡Qué divertido es apilar las cajas de colores! Los mejores recipientes para apilar son los de 1 l, aunque también se pueden apilar los de 2 o 4 l. Podéis jugar con dos, tres o las cuatro cajas de colores.

Clasificar. Para empezar, abre dos cajas de distinto color y vacíalas sobre el suelo. Mezcla sus contenidos y luego ayuda al niño a separar los objetos en función de su color para poder así devolverlos a su correspondiente caja de color. También puedes clasificar objetos por su tamaño, forma o textura.

La caza del tesoro. Puedes jugar con tu hijo de muchas formas distintas y creativas con los objetos de las cajas de colores. Cada vez que cojas un objeto para jugar y hables sobre él, utiliza todo el vocabulario que puedas. Puedes describir una flor de seda como «roja», «pequeña», «suave», «fragante» (si es que lo es), «una rosa», «bonita», etc. También puedes hacer que el niño coja una de las cajas y que busque por la casa o por el patio objetos para poner en ella (bajo supervisión, lógicamente). O bien, puedes repartir por la habitación objetos de un color concreto y decir al niño que vaya a la caza del tesoro con el fin de encontrar objetos que pueda poner en la caja de color que le has dado. Dependiendo de lo complicado que quieras hacer el juego, el niño puede llenar dos o más cajas de colores. Por último, puedes dar a tu hijo un cubo de playa y dejar que lo llene de objetos del mismo color que el cubo.

Libros de colores

Figura 8.2. Libros de colores.

Figura 8.3. Libros de colores.

Edad: desde el nacimiento hasta los 3 años.

Objetivo: enseñar al bebé a identificar los colores. Los libros de colores también dan al niño la oportunidad de aprender palabras.

Descripción: cuatro libros, cada uno de un color, hechos con carpetas de anillas y cartulinas del mismo color que la carpeta que las contiene. (También puedes usar cartulinas blancas.) En cada libro de color hay fotos o dibujos recortados de revistas o catálogos y cosas con textura del mismo color que su carpeta. En cada página hay un solo dibujo con un sencillo letrero debajo escrito con un rotulador negro o de color.

Material:

- Cuatro carpetas de anillas, cada una de un color: rojo, amarillo, azul y verde.
- Cartulinas de colores; cinco rojas, cinco amarillas, cinco azules y cinco verdes, o veinte blancas (cinco para cada libro).
- Taladro para papel.
- Revistas o catálogos viejos u otras fuentes de fotos en color.
- Objetos con textura, como un trozo de cinta de 15 cm, un trozo de malla de 15 × 15 o un trozo de fieltro de 15 × 15 también.
- Tijeras.
- Cola blanca, pegamento o cinta adhesiva doble.
- Lápices o rotuladores de color rojo, amarillo, azul y verde, o negro.
- Cartulina transparente, opcional.

Instrucciones: con la taladradora de papel, haz tres agujeros en las cartulinas con el fin de meterlas luego en las carpetas. Pon cinco hojas del mismo color o cinco hojas blancas en cada una de las carpetas. Con un lápiz o un rotulador negro o del mismo color que las hojas, escribe en cada carpeta el título del libro: «Libro rojo», «Libro amarillo», «Libro azul» y «Libro verde». Busca en revistas y catálogos fotos en color, recórtalas y pégalas en las hojas, una por hoja, de su correspondiente «Libro de color».

Escribe debajo de cada dibujo un enunciado sencillo. Utiliza un lápiz o rotulador negro si las hojas son de color, y un lápiz o rotulador del mismo color que el libro si las hojas son blancas.

Si tu hijo tiene menos de 18 meses, haz enunciados de dos palabras, como «Pelota azul», «Coche rojo», y «Cinta amarilla». Si tiene entre 18 meses y 3 años, puedes hacer enunciados más largos; por ejemplo: «Mi pelota azul», «El coche rojo», «La cinta es amarilla». Cintas, mallas y otros materiales con textura son excelentes también para estos libros, sobre todo si las carpetas tienen bolsillos para guardar cosas.

Plastifica o forra las hojas con papel adhesivo transparente para que sean más resistentes, si quieres. No tienes por qué llenar las cinco hojas del libro a la vez; haz una o dos de entrada y ve añadiendo más objetos o dibujos al libro a medida que los vayas encontrando.

CÓMO USAR ESTE JUGUETE Y DIVERTIRSE CON ÉL

Desde el nacimiento hasta los 18 meses. Lee estos libros a tu hijo. Señala las palabras a medida que las vayas leyendo. Después de muchas repeticiones y cuando el niño esté preparado, deja que participe diciendo alguna de las palabras que reconozca. Después de algún tiempo, pide a tu hijo que te traiga un «Libro de color» concreto para leerlo, y deja que elija el libro correcto.

De los 18 meses a los 3 años. A medida que el niño vaya creciendo, sigue leyendo estos libros con él y señala las palabras. Llegada esta etapa, deja que sea el niño quien lea el libro. Cuando al indicarle tú una palabra le cueste reconocerla, pronúnciala tú.

Deja también que tu hijo participe contigo en la medida de lo posible en la elección de las fotos para los libros.

Tarjetas de colores

Figura 8.4. Tarjetas de colores.

Edad: desde el nacimiento hasta los 3 años.

Objetivo: enseñar a tu hijo a reconocer los nombres de cuatro colores: «rojo», «amarillo», «azul» y «verde», mediante repetición y familiaridad.

Descripción: ocho fichas de dos caras de 12,5 × 20 cm con el «nombre del color» escrito en color en una cara y en negro en la otra. Utiliza las ocho tarjetas para jugar a mezclar y emparejar.

Material:

- Dieciséis tarjetas de 12,5 × 20 cm.
- Papel adhesivo transparente o material para plastificar (suficiente para forrar la tarjeta entera con un margen de un centímetro aproximadamente a su alrededor).
- Tijeras.
- Cola blanca, pegamento o cinta adhesiva doble.
- Lápices o rotuladores de color rojo, amarillo, azul, verde y negro.

Instrucciones: escribe en dos fichas la palabra «Rojo» con un rotulador o lápiz rojo. Escribe en mayúsculas la primera letra de la palabra y el resto en minúsculas. Dibuja un margen del mismo color alrededor de toda la tarjeta para hacerla más atractiva. Para cada uno de los colores restantes (amarillo, azul y verde), decora dos fichas de la misma forma. Luego, haz una serie de ocho tarjetas de colores con el nombre del color y los márgenes en negro. Haz las letras grandes y claras.

Pega las tarjetas escritas en negro a la parte posterior de sus tarjetas correspondientes escritas con lápices de colores, de forma que el nombre del color quede escrito en color por un lado y en negro por el otro. Forra las tarjetas con papel adhesivo transparente o plastifícalas. El resultado final son ocho tarjetas versátiles, de las que cada par representa un color.

CÓMO USAR ESTE JUGUETE Y DIVERTIRSE CON ÉL

Desde el nacimiento hasta los 12 meses. Durante este año, deja que tu bebé dirija el juego. Empieza enseñándole la tarjeta roja sólo por su lado rojo. Deja que se habitúe a la palabra. Luego, enséñale el otro lado de la tarjeta con la palabra «Rojo» escrita en negro. A los bebés les gusta coger y jugar con las tarjetas; así pues, deja que las toque cuando esté preparado. No hay reglas; sea cual fuere el lado que quede mirando hacia arriba, di el nombre del color tal y como está escrito.

Cuando creas que tu hijo se ha familiarizado con la tarjeta, introduce la segunda tarjeta roja. Todo es correcto, tanto si el niño mira las tarjetas como si las empareja. Tu papel consiste en decir «rojo» cada vez que las veas. Cuando creas que tu bebé está listo para un cambio, sigue el mismo procedimiento con el amarillo y con las restantes tarjetas de colores. Utiliza sólo los pares de tarjetas; de momento, no mezcles tarjetas de colores distintos.

De los 12 a los 24 meses. Cuando tu hijo se haya familiarizado con cada uno de los cuatro colores —rojo, amarillo, verde y azul—, déjale jugar con *todas* las tarjetas. Ahora ya puedes inventar tus propios juegos de tarjetas: emparejarlas con objetos de la habitación que sean de su color, esconderlas, contarlas, etc. Sigue diciendo el nombre del color cada vez que uses una tarjeta. ¡A divertirse!

De los 2 a los 3 años. Después de superar una forma de juego libre con las tarjetas, puedes introducir juegos de emparejamiento. No tengas miedo de inventarte tus propias versiones.

Juego de emparejar 1. Por ejemplo, amontonad todas las tarjetas. Mirad cuántas parejas podéis formar cada uno hasta que ya no queden tarjetas en el montón. Volved a juntar todas las tarjetas y empezad de nuevo.

Juego de emparejar 2. Seleccionad cuatro tarjetas de distinto color. Por turnos, coged una tarjeta del montón y emparejadla con uno de los cuatro colores originales. Luego, emparejad tarjetas negras con tarjetas de color y, por último, tarjetas negras con tarjetas negras.

Cestas de colores

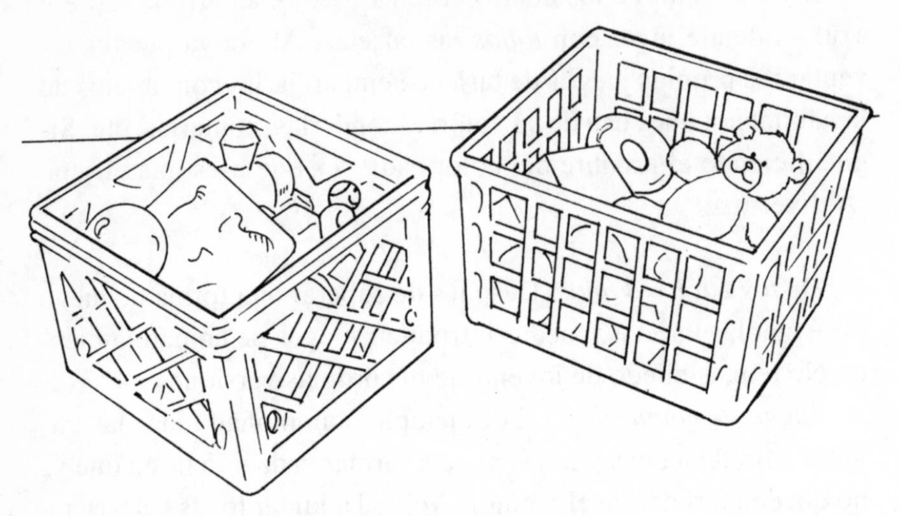

Figura 8.5. Cestas de colores.

Edad: desde el nacimiento hasta los 3 años.

Objetivo: incrementar la conciencia del color; usar esta conciencia para crear un sistema efectivo de rotación de los juguetes.

Descripción: cuatro cestas de distinto color: rojo, amarillo, verde y azul, llenas de juguetes de su mismo color.

Material:

- Cuatro cestas; una roja, otra amarilla, otra azul y otra verde.
- Juguetes u objetos de la casa del mismo color de las cestas. El número de juguetes para cada cesta variará en función del tamaño de los juguetes con que cuentes de cada color.

Instrucciones: reúne los juguetes del niño o busca por casa materiales que sean seguros para jugar y mételos en la cesta que sea de su mismo color. Guarda las cestas de la forma que mejor te vaya; apílalas o ponlas una al lado de la otra.

Desde el nacimiento hasta los 18 meses. Saca una de las cuatro cestas de juguetes y dásela al niño para que juegue durante un período de tiempo concreto, un día, varios días o una semana. Ten la cesta fuera mientras el niño no pierda el interés por los juguetes contenidos en ella. Cuando empiece a perder el interés, vuelve a dejar la cesta en la pila y ofrece al niño otra cesta de otro color. Utiliza de forma rotativa las cuatro cestas de colores. Menciona el color de cada cesta que saques. Ésta es una manera de fomentar el aprendizaje de los colores.

De los 18 meses a los 3 años. Saca cierto número de juguetes de cada una de las cuatro cestas de colores y deja que tu hijo los vuelva a poner en su cesta correspondiente. Ayúdale tanto o tan poco como sea necesario.

A la hora de jugar, empieza usando sólo una cesta cada vez. Deja que el niño elija la cesta con la que quiere jugar. Enséñale a poner de nuevo los juguetes en la cesta una vez haya terminado de jugar con ellos y dile que van todos en la misma porque son todos del mismo color. Déjale elegir otra cesta para jugar tan pronto como haya guardado la anterior.

Cuando esté preparado, deja que elija *dos* cestas para jugar. Ahora recoger será una tarea un poco más difícil. Si está listo para esta actividad, se lo pasará bien poniendo los juguetes en su cesta correspondiente antes de volver a guardarlas en su sitio.

9

Juguetes basados en letras

Reconocer letras

Hasta hace poco, los investigadores consideraban que el aprendizaje de las letras del alfabeto era para los niños una tarea abstracta. Sin embargo, el hecho es que los niños aprenden las letras de una forma muy parecida a la forma en la que aprenden a reconocer y nombrar otros dibujos que ven con frecuencia. Vivimos en un mundo de signos y escritura en el que la influencia de dichos símbolos en el entorno es enorme. No es, pues, demasiado pronto para que introduzcas a tu bebé en el mundo de las letras.

Tarjetas de letras

Figura 9.1. Tarjetas de letras.

Edad: desde el nacimiento hasta los 3 años.

Objetivo: enseñar a tu hijo a reconocer y pronunciar las letras del alfabeto a través de la repetición y la familiarización.

Descripción: trece tarjetas de 10 × 15 cm, cada una con una letra diferente del abecedario escrita en cada uno de sus lados. Cada tarjeta tiene en una esquina un agujerito por el que pasa una cuerda unida por sus extremos, de forma que se pueda colgar en la trona del niño o en el pomo de una puerta. Si la trona no tiene dónde colgar estas tarjetas, cuélgalas del tirador de un armario situado cerca de ella. Si no encuentras salientes aptos en los que colgar estos juguetes en forma de tarjetas de letras, crea un lugar para ellos pegando algunos ganchos autoadhesivos a una pared apropiada, como por ejemplo en la pared de la cocina que queda junto a la trona de tu pequeño.

Material:

- Trece fichas de 10 × 15 cm.
- Un paquete de letras mayúsculas autoadhesivas, de un tamaño de entre 5 y 7 cm (a la venta en tiendas de material de oficina).
- Taladradora de papel.
- Trece trozos de cuerda, hilo o cinta de unos 30 cm de largo cada uno.
- Tijeras.
- Papel adhesivo transparente o material para plastificar.

Instrucciones: pega las letras a las fichas de manera que una ficha tenga una letra distinta en cada cara. Empieza pegando la «A» en una ficha y la «B» en el dorso de ésta, y sigue hasta pegar la «Z» en el dorso de la «Y». Forra las fichas con papel autoadhesivo transparente o plastifícalas.

Haz un agujero en una de las esquinas de arriba de cada ficha e introduce por él un trozo de cuerda, hilo o cinta. Ata los extremos de las cuerdas para poder luego colgar las fichas.

CÓMO USAR ESTE JUGUETE Y DIVERTIRSE CON ÉL

Desde el nacimiento hasta 1 año. Empieza con la tarjeta A/B. Deja que el niño juegue con ella. Probablemente le gustará tener una tarjeta que tenga un «asa» para cogerla y manipularla. Cuando veas a tu hijo mirando la «B» dile: «¡Oh, estás mirando la "B"!». También puedes señalarle la letra «A», pero ambos os divertiréis mucho más con la «B», uno de los primeros sonidos que un bebé aprende a hacer. Nombra la «B» tal y como nombrarías casualmente otros objetos del entorno del niño, como por ejemplo la comida que está comiendo, un vaso, una cuchara, etc. Preséntale esta tarjeta de letras con la misma espontaneidad.

Cuando veas que tu hijo reconoce la «B», guárdala y saca la tarjeta C/D. Vuelve a dejar que el niño juegue con ella. Cuando veas que mira la «D» di: «¡Oh, estás mirando la "D"!». También puedes mostrarle la «C», pero tanto él como tú os divertiréis más con la «D», considerada como el segundo sonido que aprende a producir un bebé.

Preséntale esta letra con tanta espontaneidad como lo has hecho con la «B». Al igual que con la «B», verás cómo tu hijo aprende a reconocer la «D».

Después de la «B» y la «D», puedes presentarle la primera letra de su nombre. Sigue presentando a tu pequeño las tarjetas de letras, una por una, hasta que reconozca todas las letras. Vuelve a la «A» y preséntasela. Sigue con el resto por orden alfabético, si quieres.

Recuerda: las tarjetas de letras son un juguete para tu hijo, algo con lo que divertirse. Puede verlas lo mismo que puede ver cualquier otro dibujo —de payasos, patos, conejos o cualquier otra cosa— que tú elijas mostrarle: son dibujos para mirar, disfrutar y recordar.

Con las tarjetas de letras no serás el único maestro de tu hijo. Cualquiera que vea a tu bebé mirando una letra, probablemente le ratifique lo que es: «Mira, has cogido la "B"». Esta repetición integrada en el juego fomenta el aprendizaje de una forma muy positiva.

De 1 a 2 años. Ahora que tu pequeño ya se mueve con más independencia y tiene más control sobre su motricidad fina, puede hacer más cosas con estas tarjetas. Puede colgarlas y descolgarlas de los pomos de las puertas, de su trona, de los tiradores de los armarios o de los ganchos puestos expresamente para colgarlas. Tu hijo sólo necesita ver estas letras una vez tras otra y oírte nombrarlas de vez en cuando para que se conviertan en algo permanente en su aprendizaje.

De los 2 a los 3 años. Ahora que conoce todas las letras, probablemente a tu hijo le guste jugar a relacionar letras con sonidos: puede ser divertido emparejar letras con el primer sonido de determinados objetos. Coged por turnos una de las trece tarjetas. Luego, por turnos buscad por la casa un objeto que empiece por la letra de la tarjeta. Por ejemplo, pon la «L» junto a un libro o la «B» junto a un balón. Junta la «T» a una toalla o la «C» a una cesta. Divertíos moviendo las letras por toda la casa de un sitio a otro. Ayuda a tu hijo a hacer esto tanto o tan poco como sea necesario.

Empezar a deletrear. Es fácil encontrar actividades de deletrear con estas tarjetas. Lo mejor es empezar deletreando el nombre del niño. Su nombre es, y será siempre, su palabra favorita. Saca provecho de este interés y, partiendo de esta palabra, encuentra numerosas oportunidades educativas.

Nota: puede ocurrir que para deletrear el nombre de tu hijo u otras palabras haciendo uso de las tarjetas de letras necesites una letra que está en el dorso de una tarjeta que ya has usado, o necesites dos o tres veces la misma letra. Así pues, para esta actividad tendrás que hacer más tarjetas.

El juego del nombre. Una vez hayas confeccionado más tarjetas, si es que ha sido necesario, deletrea el nombre del niño. Saca una de las letras y pide a tu hijo que vuelva a ponerla en su sitio. Luego, pídele que saque él mismo otra letra para que tú puedas volver a colocarla en su lugar correspondiente.

El resto de esta actividad está en tus manos. Deja que el niño tome la iniciativa. Inventaos juegos con estas letras apropiados al nivel de aprendizaje del niño. Por ejemplo, sacad y volved a poner dos letras del nombre; mezclad todas las letras y volved a ordenarlas, o encontrad o formad una palabra más corta con las letras de su nombre. Esta actividad es ahora tuya y de tu hijo. ¡Cread y divertíos!

Otras palabras interesantes. Cuando hayáis terminado de jugar al juego del nombre, pasad a deletrear y jugar con otras palabras cortas. Algunas populares sugerencias son tu nombre, «Mamá», «Papá», «Mami», «Papi», los nombres de otros miembros de la familia, los nombres de las mascotas, «Gato», «Perro», y cualquier otra palabra que guste a tu hijo y diga con frecuencia.

El juego de elegir una letra. Volved a las tarjetas de letras y formad palabras cogiendo las letras que queráis de entre el alfabeto entero. También podéis coger letras y buscar luego en revistas y periódicos palabras o títulos que las contengan. Una observación: estas tarjetas de letras son para divertirse y, probablemente, a ambos se os ocurrirán muchos usos interesantes para las mismas. Jugad y divertíos con ellas, pero no las utilices para inculcar el alfabeto a tu hijo.

Cajas de letras para jugar

Figura 9.2. Cajas de letras para jugar.

Edad: desde el nacimiento hasta los 3 años.

Objetivo: hacer que tu hijo se familiarice con las letras del alfabeto a través del juego y darte a ti un sistema de rotación de los juguetes.

Descripción: seis cajas de cartón para guardar cosas con grandes letras mayúsculas escritas en la tapa y sus cuatro lados, una letra por costado. Con seis cajas tienes espacio para las veintinueve letras del abecedario.

Material:

- Seis cajas con tapa para guardar cosas.
- Rotuladores.

Instrucciones: elige un rotulador. Escribe una A mayúscula, grande y clara, en el centro de la tapa de la primera caja. Luego, escribe las letras B, C, CH y D en los lados de la misma caja, una por lado y bien centradas.

Con el mismo rotulador u otro distinto, dibuja una E mayúscula, grande y clara, en la tapa de la segunda caja. Luego, dibuja las cuatro siguientes letras del abecedario en cada uno de los lados de esta segunda caja tal y como has hecho antes. Coge otro o el mismo rotulador y una tercera caja e, igual que con las otras dos, dibuja en su tapa una J mayúscula, grande y clara. Escribe las siguientes cuatro letras en los lados de la caja, una en cada uno de ellos y bien centradas.

Prosigue con la cuarta caja del mismo modo y haz una N en la tapa. Dibuja una R en la tapa de la quinta caja y las siguientes cuatro letras del abecedario en cada uno de sus cuatro lados.

Escribe la letra W en la tapa de la sexta caja. Deja un lado vacío para que el niño pueda dibujar o pintar en él o llénalo con algún dibujo interesante. Éstos son tus juguetes. Hazlos sencillos o adórnalos tanto como quieras.

CÓMO USAR ESTE JUGUETE Y DIVERTIRSE CON ÉL

¡Una caja es siempre un juguete magnífico! Tanto a los bebés, como a los niños de 1 y 2 años les encantan. Igual que las «Cestas de colores» (véase la pág. 144), estas cajas pueden servir para guardar juguetes. Las «Cajas de letras» son diferentes porque contienen juguetes de cualquier color. Estas cajas te permiten, gracias a su visible orden alfabético, rotar los juguetes. Si sacas una caja distinta cada día o cada varios días o cada semana, las seis cajas espacian muy bien los juguetes que das a tu hijo para jugar. Si dejas las cajas a la vista —quizás en la habitación del niño— significa que verá las letras a menudo, lo cual hará que se familiarice con ellas.

Facilita el aprendizaje de estas letras haciendo frecuentemente comentarios sobre ellas, como por ejemplo: «Has abierto la tapa que tiene una "E" dibujada» o «Mira, esto es una "B", como la que cuelga del pomo de tu puerta». Tu hijo podrá jugar con todos los juguetes guardados dentro de las cajas y tú tendrás la oportunidad de indicarle y enseñarle las letras dibujadas en el exterior de las mismas.

Recuerda que estas cajas son un juguete en sí mismas. Un juguete que se completa con una tapa. Cuando tu pequeño termine de jugar con los juguetes de dentro, no te sorprendas si lo ves jugando absorto con la caja.

Cajas del abecedario

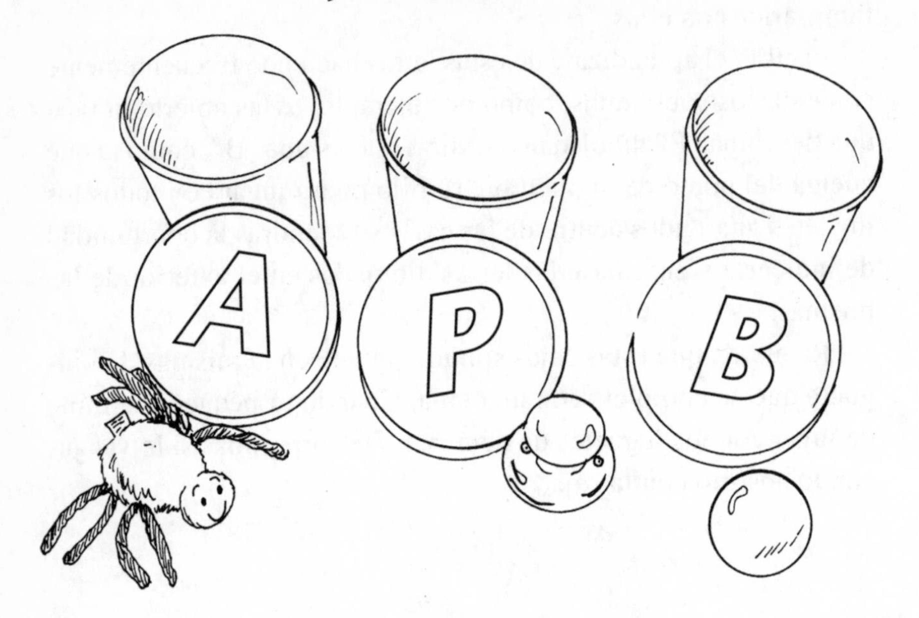

Figura 9.3. Cajas del abecedario.

Edad: desde el nacimiento hasta los 3 años.

Objetivo: enseñar al niño a reconocer las letras y los sonidos de las letras.

Descripción: un máximo de veintinueve cajas o recipientes de plástico, cada una con una letra distinta del abecedario dibujada en su tapa y con uno o varios objetos pequeños y seguros en su interior que empiecen con el sonido de la letra que aparece en las tapas.

Material:

- Recipientes de plástico con tapa hasta un máximo de veintinueve.
- Letras mayúsculas autoadhesivas, de 5, 7, 10 o 12 cm de tamaño (a la venta en la mayoría de tiendas de material de oficina).

• Objetos interesantes, pequeños y seguros para meter en los recipientes

Instrucciones: busca en el cubo de reciclaje un recipiente con tapa, como por ejemplo una caja de margarina. Pega en la tapa una letra autoadhesiva. (Como primera letra, una buena opción es la «B» puesto que éste es uno de los primeros sonidos que emite un bebé.) Busca objetos pequeños, seguros e interesantes que empiecen por esta letra y colócalos dentro de la caja, como por ejemplo una bola o un botón grande para mayor seguridad. Pega una «D» en otro recipiente y llénalo de cosas o juguetitos que empiecen por esta letra, como un dado o un dedal. Para un tercer recipiente, elige la primera letra del nombre de tu hijo. Después, sigue haciendo tantas cajas como quieras hasta un máximo de veintinueve, una para cada letra del abecedario.

CÓMO USAR ESTE JUGUETE Y DIVERTIRSE CON ÉL

Desde el nacimiento hasta los 18 meses. Usa este juguete básicamente igual que usaste las cajas de colores del capítulo 8 (véase la pág. 135). A los bebés y a los niños pequeños les encanta vaciar y llenar recipientes, así como manipular objetos con textura.

El juego de vaciar y llenar. Coge una caja cada vez. Deja que tu hijo saque los juguetes de la caja uno por uno y vuelva a meterlos dentro después, o invéntate otro juego apropiado al nivel de interés de tu pequeño. Cada vez que el niño o tú misma cojáis un objeto, pronuncia su nombre y luego haz referencia a la letra. Por ejemplo, si usas la caja de la «B», puedes decir: «Bola. Bola empieza por la "B"», y señalar la B. «Bolsa. Bolsa empieza por la "B"», y volver a señalar la letra. «Botón. Botón empieza por la "B"», y señalarla de nuevo. Los abuelos se inventarán sus propios juegos con estas cajas, pero no serán los únicos, cualquier persona que vaya a vuestra casa tendrá sus propias ideas. Pronto, tu hijo será capaz de traerte la caja de la letra que le pidas, y un día le oirás decir espontáneamente la letra.

Desde los 18 meses hasta los 3 años. Ahora ya puedes llevar a cabo actividades con letras más avanzadas. Los recipientes de 1 l son probablemente los que mejor se apilan, aunque todos se pueden apilar.

Clasificar. Para jugar a este juego quizá queráis utilizar dos, tres o cuatro cajas de letras. Te sugiero que para empezar abras sólo dos cajas, mezcles su contenido en el suelo y después, entre los dos, pongáis de nuevo cada cosa en su caja correspondiente.

Describir. Tu pequeño y tú podéis jugar de forma creativa con los objetos de las cajas del modo que os plazca. Procura usar tantas palabras descriptivas diferentes como puedas cuando juegues y hables de cada objeto. No es necesario que limites tus descripciones a palabras que coincidan con el sonido de la letra pertinente, pero si decides jugar de esta forma, seguramente lo encontrarás divertido y estimulante. He aquí algunos ejemplos: «Bola blanca», «Bola blanca blanda», «Perro pequeño» o «La manta de la muñeca».

Búsqueda y clasificación de todo tipo de objetos. Tú y todos los demás os lo pasaréis muy bien jugando con el niño e inventando diferentes juegos con las cajas de letras y lo que hay dentro de ellas. Ahora que tu pequeño puede caminar, le puedes dar un recipiente o una cesta para que vaya metiendo en ella objetos de la casa. Luego, juntos podéis decidir en qué caja ponéis cada cosa de acuerdo con su nombre.

El juego de esconder y buscar. También puedes repartir por la habitación objetos de letras y decir al niño que trate de encontrarlos. Si en el juego intervienen dos o más letras, juntos podéis clasificar los hallazgos del niño en sus cajas de letras correspondientes.

Cuaderno de letras

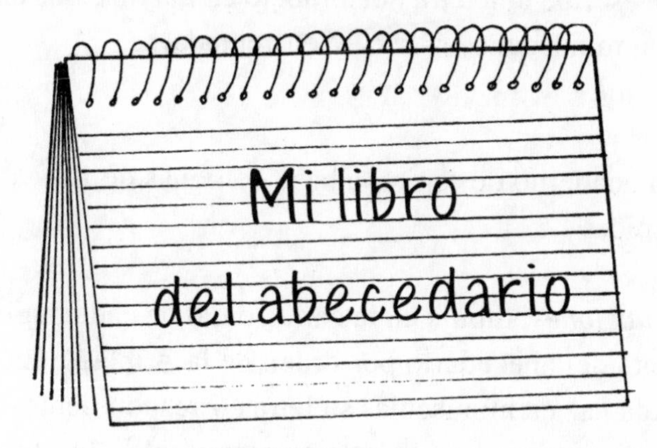

Figura 9.4. Cuaderno de letras.

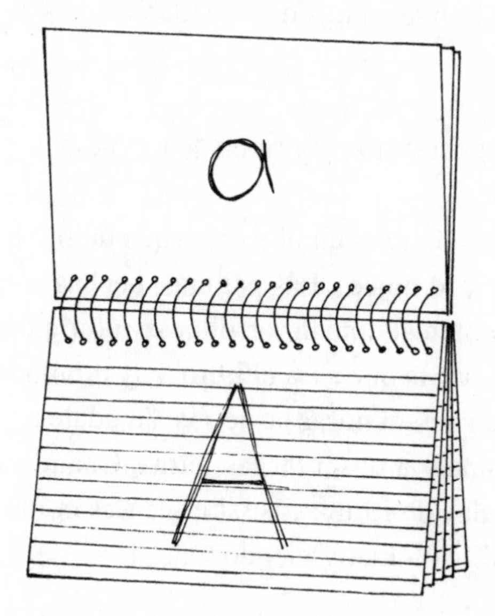

Figura 9.5. Cuaderno de letras.

Edad: desde el nacimiento hasta los 3 años.

Objetivo: dar a tu hijo otra oportunidad para familiarizarse con las letras.

Descripción: un cuaderno de espiral con fichas de 10 × 15 cm donde se escribe una letra del alfabeto en mayúsculas en cada página, y en minúsculas en la cara enfrentada.

Material:

- Un cuaderno de espiral a base de fichas de 10 × 15 cm.
- Lápices.

Instrucciones: dibuja en la cara frontal de cada página una letra distinta del abecedario por orden de la A a la Z. En la página enfrentada haz en minúsculas su letra correspondiente. Si utilizas un color distinto para cada letra en mayúsculas, haz en el mismo color su correspondiente letra en minúsculas. Haz las letras lo más grandes y lo más claras que puedas.

CÓMO USAR ESTE JUGUETE Y DIVERTIRSE CON ÉL

De 1 a 2 años. Éste es un libro para que tu hijo lo coja (y en breve lo manipule y lo hojee). Las páginas, hechas con fichas, son resistentes y permiten al niño desarrollar su motricidad fina. Sea cual fuere la página por la que abra el libro, hay dibujada en ella una letra. A tu hijo le gustará mirar las letras. Ayúdale a abrir el libro por la primera página y a observar las letras. Cuando lo creas conveniente, nómbralas de forma casual en frases como: «¡Oh, has encontrado la "B"!» o «Estoy viendo una "T"».

De los 2 a los 3 años. Ahora que tiene 2 años, tu hijo puede jugar con este libro a un nivel mucho más alto. Deja que tome él la iniciativa. Si quiere decir el nombre de las letras que ve, déjale. Si te pide que las nombres tú, hazlo. Si te enseña una letra mayúscula que conoce, como por ejemplo una «A», puedes señalar la página enfrentada y decir algo como: «Esto también es una "A"». Si te enseña una letra minúscula, di, por ejemplo: «b». Luego, señala la página enfrentada y di: «Aquí también hay una "B"». Al igual que con los otros juguetes de este libro, usa éste de distintas formas. Deja que tu hijo te guíe y verás cómo entre los dos sacáis muchas actividades educativas distintas.

Cojines en forma de letras

Figura 9.6. Cojines en forma de letras.

Edad: desde el nacimiento hasta los 3 años.

Objetivo: hacer que tu hijo empiece a deletrear su nombre mediante la utilización de letras.

Descripción: una serie de cojines en forma de letras que, puestos en orden, forman el nombre del niño.

Material:

- Dos trozos de tela de 40 × 35 cm para cada cojín.
- Plantillas para hacer los cojines, uno por letra.
- Hilo y aguja.
- Dedal.
- Tijeras para cortar tela.
- Material de relleno.
- Máquina de coser (opcional).
- Cojines ya confeccionados (opcional).

Instrucciones: tienes varias opciones para llevar a cabo este proyecto. Elige la que más te convenga. He aquí algunas posibilidades.

Opción 1. Elige una tela que no se deshilache al cortarla y recorta dos rectángulos de 40 × 35 cm para cada cojín. Sobre éstos dibuja con un lápiz especial para tela, con un lápiz corriente o con un bolígrafo la forma de la letra que quieres recortar. Usa esta plantilla para recortar la letra por duplicado. Junta de cara los dos trozos de tela y cóselos por los bordes dejando una obertura por donde introducir el material de relleno. Vuelve el cojín del revés para rellenarlo. Una vez rellenado, cose la abertura. Repite el mismo proceso para hacer el resto de las letras que forman el nombre de tu hijo.

Opción 2. En una tienda de telas compra las plantillas de las letras que forman el nombre de tu hijo. Compra todo lo necesario para fabricar los cojines siguiendo las indicaciones de las plantillas que has adquirido.

Opción 3. Pregunta en una tienda de telas si fabrican cojines en forma de letras por encargo.

Opción 4. Compra cojines ya hechos de las letras que configuran el nombre de tu hijo en una tienda para bebés o en una tienda en la que vendan este tipo de artículos.

Cómo usar este juguete y divertirse con él

Desde el nacimiento hasta los 18 meses. Igual que dices a tu hijo los nombres de sus animales de peluche, también le puedes decir los «nombres» de sus cojines, como por ejemplo «J», «E» y «D». No dejes los cojines en la cuna del niño; ponlos fuera del alcance de tu pequeño y muéstrale los coloridos cojines igual que le mostrarías un sonajero o cualquier otro juguete.

De los 18 meses a los 3 años. Cuando el niño sea lo suficientemente mayor, puedes dejar los cojines fuera a modo de objetos decorativos sobre su cama. Primero, enséñale a colocarlos en el orden correcto para formar su nombre. Con el tiempo, deja que te ayude a ponerlos correctamente. Al final, será capaz de formar su nombre él solo. Sí, como lo oyes: ¡tu hijo escribirá su nombre!

Letras magnéticas

Figura 9.7. Letras magnéticas.

Edad: desde los 18 meses hasta los 3 años.

Objetivo: hacer que el niño se familiarice con las letras de una forma manual.

Descripción: dos series de letras magnéticas, unas mayúsculas y otras minúsculas, y una pizarra magnética.

Material:

- Dos juegos de letras magnéticas, mayúsculas y minúsculas.
- Una pizarra magnética.

Instrucciones: pon las letras en la pizarra del modo más apropiado para tu hijo. Puedes usar sólo las mayúsculas, las mayúsculas y minúsculas juntas o formar palabras.

CÓMO USAR ESTE JUGUETE Y DIVERTIRSE CON ÉL

Para empezar, utiliza sólo las letras mayúsculas. Empieza ofreciendo al niño sólo las letras mayúsculas. Deja que manipule y juegue con estas coloridas letras. Igual que con las otras actividades sobre letras, haz comentarios casuales sobre las letras que el niño vaya cogiendo.

Introduce en el juego las letras minúsculas. Cuando veas que tu hijo reconoce algunas letras minúsculas, introdúcelas en su juego.

Formar palabras. Cuando tu hijo esté preparado para pasar a las palabras, forma y muéstrale palabras. Sé libre y abierta en esta actividad. Como siempre, deja que el niño guíe el juego. Diviértete nombrando las letras y las palabras que forméis de los modos que creas que más ayudarán a tu hijo a aprender.

Cubos del alfabeto

FIGURA 9.8. Cubos del alfabeto.

Edad: desde el nacimiento hasta los 3 años.
Objetivo: enseñar al niño a reconocer las letras del alfabeto.
Descripción: cubos comercializados del alfabeto.
Material:

- Un juego de cubos comercializados del alfabeto; el tamaño más adecuado suele ser el de 7 cm^2.

Instrucciones: los cubos del alfabeto más adecuados son los que miden 7 cm^2, pero son difíciles de encontrar. Utiliza cubos de 5 cm^2 si los encuentras y si no, como último recurso, puedes utilizar cubos de otros tamaños.

Desde el nacimiento hasta 1 año. Antes, los niños aprendían las letras con los cubos del alfabeto. Durante el primer año, tu hijo se divertirá jugando con un solo cubo cada vez. Siempre que veas a tu hijo mirando una letra determinada, pronuncia el nombre de dicha letra.

De 1 a 2 años. Durante este año, tu hijo empezará a poner los cubos unos sobre otros. Empezará apilando dos y seguirá poniendo uno o dos más. Sigue pronunciando los nombres de las letras de los cubos que el niño coge para jugar.

De los 2 a los 3 años. Ahora, tu hijo pasará a construir torres de hasta ocho cubos. Juntos, podéis llevar a cabo actividades de construcción sencillas. Llegada esta etapa, puedes decir cosas como: «Aquí está la "B"», y «Pásame el cubo de arriba, el que tiene una "D" dibujada». Usa tu creatividad para jugar tal y como jugarías con otros cubos cualesquiera o con otros juguetes que se pueden apilar y aprovecha la oportunidad que te brindan estos cubos del alfabeto para familiarizar a tu hijo con las letras.

10

Juguetes basados en números

Conceptos numéricos

Los niños pueden aprender a una edad muy temprana los números como símbolos con la misma facilidad con la que aprenden las letras. Los niños captan la simbología de los números antes de asimilar el concepto numérico que se esconde tras ella. Aunque la idea, en un principio, es fomentar el reconocimiento de los números por parte del niño, el concepto numérico no tarda en aparecer. Ambos conceptos se introducen y refuerzan mediante actividades que fomentan la repetición y la familiarización.

Libros de números

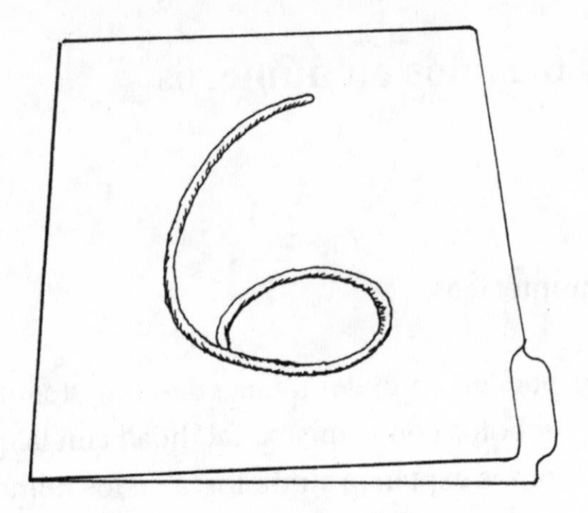

Figura 10.1. Libros de números.

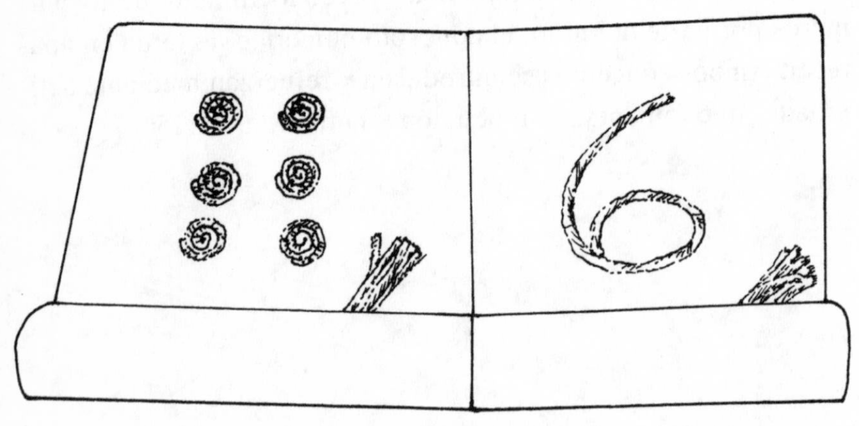

Figura 10.2. Libros de números.

Edad: desde el nacimiento hasta los 3 años.

Objetivo: enseñar al niño a reconocer los números del 1 al 10 y presentarle los conceptos numéricos a través de la repetición y la familiarización.

Descripción: once libros hechos con carpetas, cada uno sobre un número determinado entre el 0 y el 10 («Libro 1», «Libro 2», «Libro

3», etc.). Cada libro tiene en la tapa el número que representa, en la siguiente página un número de puntos equivalente al número, en otra el número, y en la última, otra vez el número de puntos correspondiente. Todos los libros de números están hechos de la misma forma.

Material:

- Once carpetas de 22 × 30 cm de distintos colores.
- Una ovillo de lazo, como el que se ponen los niños en el pelo o el que sirve para atar regalos.
- Tijeras.
- Cola blanca.

Instrucciones: abre y estira cada una de las carpetas. Dóblalas por debajo de manera que te quede un pliegue de unos 7 cm de altura a todo lo largo de la base de la carpeta por su parte interna. Empieza por el «Libro 1» y sigue por orden hasta el «Libro 10». Haz el «0» al final. Para hacer el «Libro 1», coge el lazo y corta dos trozos para hacer dos «1» y dos trozos para hacer dos puntos. Pega un «1» en la tapa, un punto en la página izquierda de la carpeta abierta, el otro «1» en la página derecha de la carpeta abierta y otro punto en la cara posterior de la carpeta. Para hacer el «Libro 2» sigue las mismas instrucciones. Continúa hasta terminar los once libros de números. Al hacerlos, no utilices lazos de distinto color para un mismo libro. A la hora de pegar los puntos, usa la configuración de las cartas de la baraja.

Dentro de los pliegues de los libros, pon un número de trocitos de lazo equivalente al número del libro para que el niño pueda contarlos. Por ejemplo, en el «Libro 1», pon un trozo de lazo en cada bolsillo. En el «Libro 2», pon dos trozos en cada bolsillo. Haz estos trozos de lazo de unos 7 cm de longitud para meter en los bolsillos. Esta longitud permite al niño manipular los lazos fácilmente.

Desde el nacimiento hasta los 18 meses. Empieza por el «Libro 1» y úsalo tal y como usarías cualquier otro libro con tu hijo. Cuando lo leas, señala cada trozo de lazo, frota sobre ellos los dedos del niño o la mano y di: «Uno». Tanto si te refieres al número como si te refieres al punto, llámalo igual: «Uno». Probablemente, a tu bebé le gustará mucho esta actividad. La textura y el color deben ser agradables. Cuando termines de leer el libro, puedes sacar el trozo de lazo del bolsillo de la izquierda y decir: «Uno». Después de guardarlo, puedes sacar el trozo de lazo del bolsillo de la derecha y contar también uno.

Cuando creas que tu hijo ya domina el número «1» porque te demuestra cierto reconocimiento, pasa al «Libro 2». Usa este libro de forma parecida a como has usado el «Libro 1». Cuando creas que tu bebé ya ha asimilado este número, pasa al «Libro 3». Sigue mostrándole detenidamente estos libros a tu hijo hasta el número «10», reservando el «0» para el final. Enséñale de vez en cuando, durante el transcurso del proceso, los libros que ya domina. Esto le ayudará a adquirir un sólido dominio de los números que ha aprendido anteriormente.

De los 18 meses a los 3 años. Os vais a divertir mucho con estos libros. Deja que sea tu hijo quien tome la iniciativa. Si se sabe los números, deja que él te lea los libros a ti. Si no se los sabe, enséñaselos igual que se los enseñarías si tuviera entre 0 y 18 meses. Inventaos toda clase de juegos. Participa siempre en la actividad. Por turnos, poned los libros por orden, ved la coincidencia de los trozos de lazo del bolsillo izquierdo y derecho de cada carpeta o paseaos por casa contando toda clase de objetos, como lápices de colores, bolígrafos, bolas de algodón y otros enseres domésticos interesantes.

Fichas seriadas

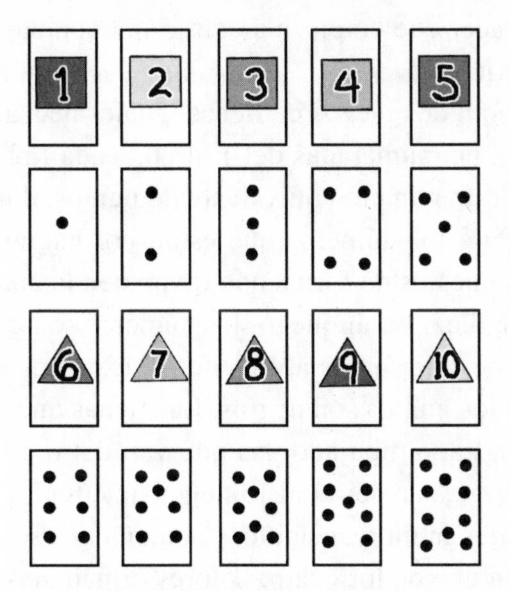

Figura 10.3. Fichas seriadas.

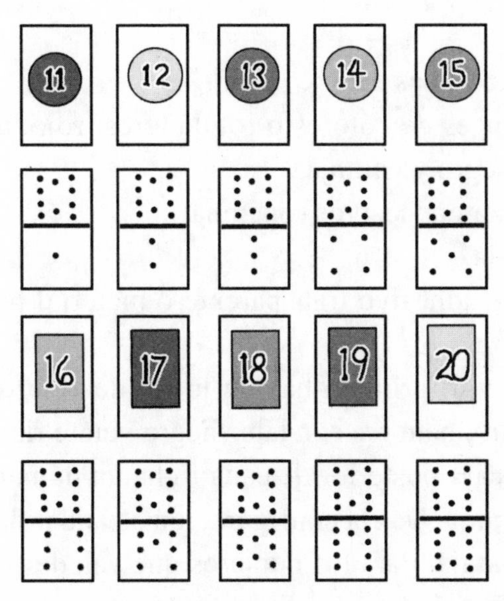

Figura 10.3. Fichas seriadas.

Edad: desde el nacimiento hasta los 3 años.

Objetivo: dar al niño una representación visual clara de los números y hacer que empiece a entrar en contacto con los conceptos numéricos.

Descripción: dos juegos de fichas iguales hechas con cartulinas de 7 × 12 cm numeradas del 1 al 20. Cada ficha tiene en su cara posterior un número equivalente de puntos al número escrito delante. Para los números que están por encima del 10, los puntos están puestos de forma que favorecen la comprensión de los grupos de diez. En un juego, los números son de color negro y los puntos de color naranja. En el otro, los números son de color naranja y los puntos son negros. Las fichas que van del 1 al 5 tienen un cuadrado dibujado, las que van del 6 al 10 tienen un triángulo, las que van del 11 al 15 tienen un círculo, y las que van del 16 al 20 tienen un rectángulo. Cada una de estas figuras está coloreada con uno de los cuatro colores principales: rojo, amarillo, azul y verde.

Material:

- Cuarenta fichas de 7 × 12 cm.
- Seis lápices de colores o rotuladores: rojo, amarillo, azul, verde, negro y naranja.
- Puntos autoadhesivos (opcional).
- Una regla.
- Papel de adhesivo transparente o material para plastificar.

Instrucciones: primero haz un juego de veinte fichas y después haz el otro. Numera con lápiz negro veinte fichas del 1 al 20. Dibuja en la cara posterior de cada ficha un número equivalente de puntos naranja. Usa la configuración estándar de puntos de las cartas de la baraja. Para los números que van del 11 al 20, usa la configuración estándar para diez. Luego, por debajo de estos diez puntos, traza una línea y dibuja por debajo de la misma el número de puntos restantes. De esta forma, la ficha del 11 tiene un grupo de diez puntos por encima de la línea y un undécimo punto por debajo de ella. Puedes hacer los números y los puntos con un lápiz de color o puedes usar números y puntos autoadhesivos, a la venta en la mayoría de tiendas de material de oficina.

Para las fichas que van del 1 al 5, encierra los números dentro de un cuadrado. Haz el cuadrado de la ficha 1 en rojo, el cuadrado de la ficha 2 en amarillo, el de la ficha 3 en azul, el de la 4 en verde, y el de la 5 en rojo. Para las fichas que van del 6 al 10, encierra los números en un triángulo. Haz el triángulo de la ficha 6 en amarillo, en azul el de la 7, en verde el de la 8, en rojo el de la 9 y en amarillo el de la 10. Para las fichas que van del 11 al 15, encierra los números en un círculo. Haz el de la 11 en azul, el de la 12 en verde, el de la 13 en rojo, el de la 14 en amarillo y el de la 15 en azul. Para las fichas que van del 16 al 20, encierra los números dentro de un rectángulo. Haz el rectángulo de la 16 en verde, el de la 17 en rojo, el de la 18 en amarillo, el de la 19 en azul y el de la 20 en verde.

Numera el segundo juego de fichas con un lápiz o rotulador naranja. Haz en color negro el número de puntos correspondiente detrás de cada ficha. Este esquema de colores es exactamente opuesto al del primer juego. Esto facilitará la separación de las fichas en dos juegos y hará más tangibles las actividades de relacionar números con puntos y puntos con números.

Como hay que hacer muchas fichas, será más divertido si haces unas pocas cada vez. Si primero haces las cinco primeras fichas de los dos juegos, te harás con una serie de fichas que podrás empezar a usar. Puedes seguir haciendo unas pocas fichas cada vez y añadirlas al juego de forma gradual. Si prolongas en el tiempo la fabricación de este juego, crecerá a medida que tu hijo crezca.

Desde el nacimiento hasta 1 año. Las cinco primeras fichas de cada juego se pueden usar a modo de juguetes para el bebé. Puedes forrarlas con papel adhesivo transparente o plastificarlas. Puesto que a los bebés les encantan las fichas y papeles, se verán atraídos por estas fichas de números grandes y claros. Mientras tu pequeño juega, siéntate y di los números de las fichas. En un principio, dale sólo las fichas 1 y 2 de cada juego. Sea cual fuere el lado que esté de cara, puntos o número, nombra el número de la ficha. Al cabo de un tiempo, dale las otras tres fichas.

De 1 a 2 años. Cuando tu hijo esté preparado, usa las fichas de la 1 a la 5 de ambos juegos para realizar actividades de emparejar: números con números, puntos con números, y puntos con puntos. Puedes dejar fuera las cinco fichas de números negros e ir dándole, una por una, las fichas de números naranja para que las empareje. Primero lo puede hacer con el lado de los números naranja, luego con el lado de los puntos negros y, después, repetirlo con el lado de los puntos negros, pero esta vez con las cinco fichas originales vueltas hacia el lado de puntos naranja.

Hay otro juego al que puedes jugar con tu hijo con estas fichas. Coge sólo las cinco primeras fichas y, una por una, muéstraselas al niño por el lado del número. Luego muéstrale el lado de los puntos para que asocie ambos lados. Empieza después mostrándole el lado de los puntos y pídele que intente decir el número antes de que tú vuelvas la ficha y se lo enseñes.

De los 2 a los 3 años. Cuando tu hijo de 2 años esté preparado, sigue haciendo con él estas actividades pero con números mayores. Introduce un número cada vez de ambos juegos de la misma forma que le darías un juguete nuevo. Por ejemplo, si tu hijo es capaz de relacionar bien el «1» con un punto, el «2» con dos puntos, el «3» con tres puntos, el «4» con cuatro puntos y el «5» con cinco puntos, mezcla con estas fichas las dos fichas del «6». Procura no exigirte a ti misma ni al niño el aprendizaje acelerado de una serie de números. Recuerda que haces juguetes y que, como tales, son para jugar y aprender a través de la repetición y la familiarización.

Las actividades de clasificar también divierten a los niños de 2 años, y para realizarlas se pueden usar todas las fichas indistintamente. Decide si las vas a separar por colores o por formas. Establece el lugar donde va a ir cada grupo. Si las vas a separar por colores, enseña a tu hijo dónde irán las rojas, dónde las azules, las verdes y las amarillas. Si las vas a separar por formas, enséñale dónde irán los círculos, los cuadrados, los triángulos y los rectángulos. Si jugáis juntos y participáis por turnos, ambos os lo pasaréis mejor.

Contar objetos

Figura 10.5. Contar objetos.

Edad: desde el nacimiento hasta los 3 años.

Objetivo: enseñar al niño los conceptos numéricos así como a contar.

Descripción: objetos de la casa agrupados de un modo concreto.

Material: objetos domésticos que estén agrupados de un modo concreto.

Instrucciones: buscar por casa objetos que ya estén agrupados de un modo preciso.

CÓMO USAR ESTE JUGUETE Y DIVERTIRSE CON ÉL

Desde el nacimiento hasta 1 año. Coge a tu hijo y date una vuelta por la casa fijándote en todas las cosas interesantes que encuentres. Por ejemplo, si encuentras un jarrón, puedes decirle al niño: «Un jarrón». Además, puedes decir también: «Una flor». Quizá tienes un grupo de dos velas, tres libros o cuatro cuadros. También puedes indicárselos como tales. Es asimismo recomendable hacer una parada frente al espejo. Podrás ver dos ojos, dos orejas, una nariz y una boca. Del mismo modo, saber que sus diez dedos de las manos y de los pies os acompañarán allí donde vayáis, hará que nunca te quedes sin nada para contar.

De 1 a 2 años. Coge a tu hijo de la mano y esta vez deja que sea él quien te guíe por la casa. A medida que vaya señalando espontáneamente diferentes objetos, descríbeselos como «una mesa», «dos sillas», «tres toallas», etc.

De los 2 a los 3 años. Cada vez que realices una tarea, cuenta, si puedes. Si estás doblando ropa, cuenta los calcetines, las toallas, las camisetas, etc. Si sales a la calle, cuenta los árboles u otros objetos. Si estás en un restaurante, cuenta los azucarillos. Sube y baja escaleras con el niño, si es que las hay. Si conoces canciones basadas en números, cántalas con él tanto al subir como al bajar las escaleras.

Dados

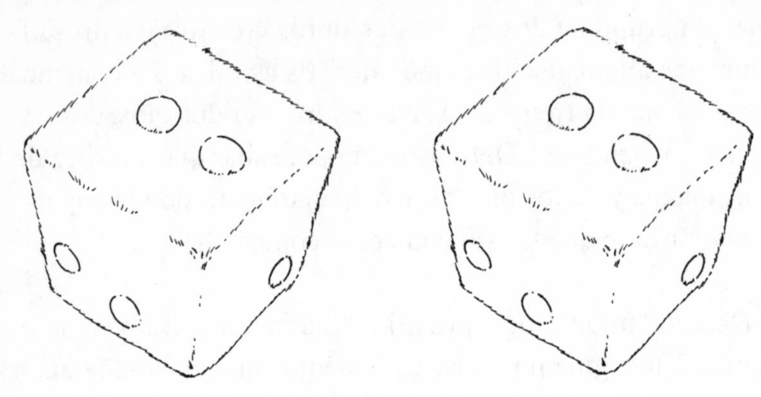

Figura 10.6. Dados.

Edad: desde los 12 meses hasta los 3 años.

Objetivo: enseñar al niño las configuraciones de los números y los conceptos numéricos.

Descripción: unos dados grandes y blandos.

Material: dados grandes y blandos.

Instrucciones: compra en una tienda unos dados grandes y blandos.

CÓMO USAR ESTE JUGUETE Y DIVERTIRSE CON ÉL

De 1 a 2 años. Coged cada uno un dado. Por turnos, lanzad el dado. Caiga como caiga éste, di el número que salga. Por ejemplo, si al niño le salen dos puntos, di algo como: «Te ha salido un dos». Cuando tires tu dado, di en alto el número que obtengas. Con el tiempo, será él quien diga el número tanto de su tirada como de la tuya. Este juego es entretenido porque cada tirada depara una sorpresa.

De los 2 a los 3 años. Coged, igual que antes, un dado cada uno. Esta vez, sin embargo, lanzadlos a la vez y contad luego los puntos que suman los dos. Deja que tu pequeño participe todo lo que pueda en la tarea de contar.

Números de esponja

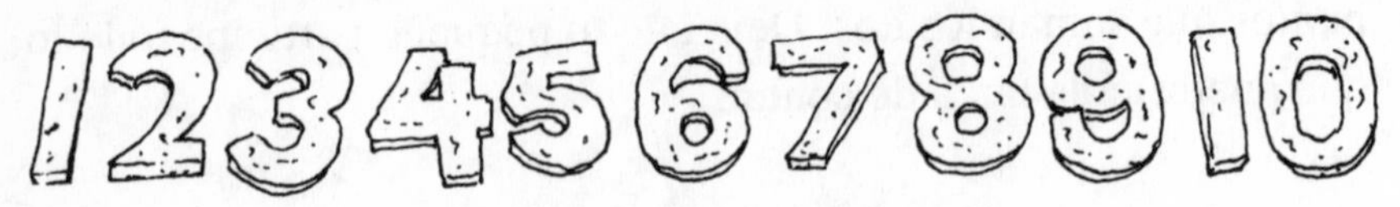

Figura 10.7. Números de esponja.

Edad: desde el nacimiento hasta los 2 años.

Objetivo: enseñar al niño a reconocer los números.

Descripción: una serie de números hechos a partir de esponjas blandas. Hay, como mínimo, un número de cada, empezando por el 1 y acabando con el 10.

Material:

- Doce esponjas blandas.
- Lápiz.
- Tijeras.
- Un juego de esponjas con forma de número de los que se venden en las tiendas (opcional).

Instrucciones: dibuja con un lápiz la silueta del número que quieres sacar de la esponja. Recorta el número. Empieza por el «1». Luego, continúa por orden hasta el «10». Por último, haz el «0».

CÓMO USAR ESTE JUGUETE Y DIVERTIRSE CON ÉL

Desde el nacimiento hasta los 18 meses. Usa una sola esponja en forma de número cada vez. A tu bebé le gustará el color y la textura del número. Siempre que le des una a tu hijo, procura decir el número que es. Estas esponjas son muy adecuadas para jugar en la bañera.

De los 18 meses a los 3 años. El juego es la esencia de esta actividad. Los colores y la textura de estas esponjas en forma de números invitan de inmediato a jugar. Cuando juegues con tu hijo, nombra los números de forma natural. Sigue usándolas a la hora del baño.

Fichas del dominó

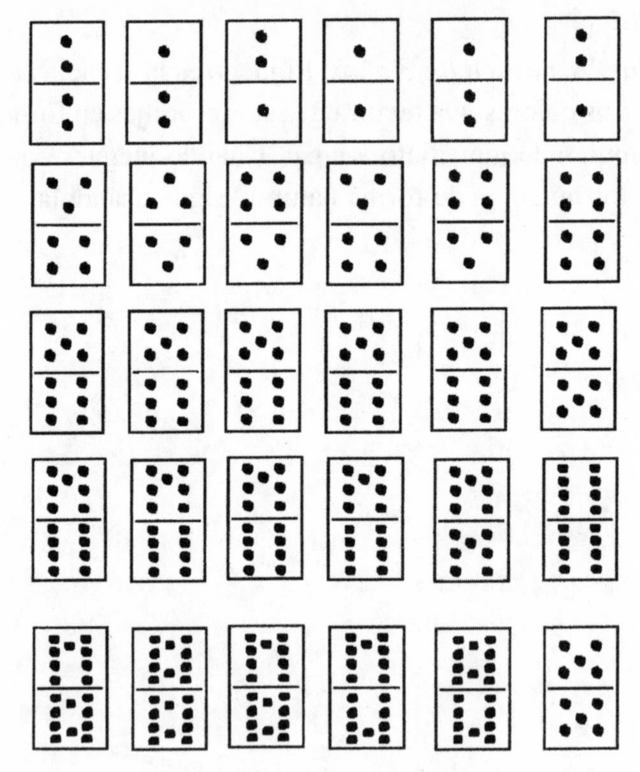

Figura 10.8. Fichas del dominó.

Edad: de los 2 a los 3 años.

Objetivo: enseñar al niño las configuraciones de los números y los conceptos numéricos.

Descripción: cinco series de fichas del dominó. Cada serie está formada por seis fichas de papel en forma de fichas del dominó. Estas fichas, de 7 × 12 cm, tienen unos puntos para emparejar. Cada una de las series de fichas tiene unas combinaciones limitadas a las configuraciones de dos números que se pueden relacionar entre sí.

Material:

- Treinta fichas de 7 × 12 cm.
- Lápices o rotuladores.
- Una regla.
- Puntos autoadhesivos (opcional).

Instrucciones: haz de una sola vez un juego entero de seis fichas. Traza en cada una de ellas una línea recta que la divida por la mitad usando la regla. Haz después las dos fichas dobles y sigue con las cuatro fichas de las dos configuraciones restantes. Para la primera serie, haz la ficha doble de un punto. Luego, haz la doble de dos puntos. Y después, haz las cuatro fichas restantes con uno y dos puntos a la vez en cada una. Para la segunda serie, haz una ficha doble de tres puntos. Después, una doble de cuatro puntos. Termina la serie haciendo cuatro fichas más con tres y cuatro puntos cada una. Sigue con este proceso hasta que tengas cinco series de fichas del dominó. Puedes hacer los puntos con lápiz o rotulador, aunque también puedes usar puntos autoadhesivos de los que se venden en las tiendas de material de oficina.

Cómo usar este juguete y divertirse con él

Usa una sola serie cada vez. Juega dos veces con cada serie. Empieza con la primera serie y saca sólo la ficha del dominó doble de un punto. Baraja el resto de las fichas y ponlas boca abajo una sobre otra. Una vez hecho esto, tú y tu hijo coged por turnos una ficha y emparejadla correctamente por sus puntos.

Cuando hayáis emparejado todas las fichas, saca la ficha del dominó doble de dos puntos. Baraja el resto y apílalas boca abajo. Igual que antes, coged por turnos una ficha y emparejadla correctamente por sus puntos.

Podéis jugar con esta primera serie tantas veces como tú y el niño queráis. Cuando creas que tu hijo ya se ha familiarizado con esta actividad y se siente cómodo con estos números, prosigue con la siguiente serie. Aplica las mismas reglas para jugar con cada serie, la última de las cuales tendrá fichas con configuraciones de diez puntos.

Escoger un número

Figura 10.9. Escoger un número.

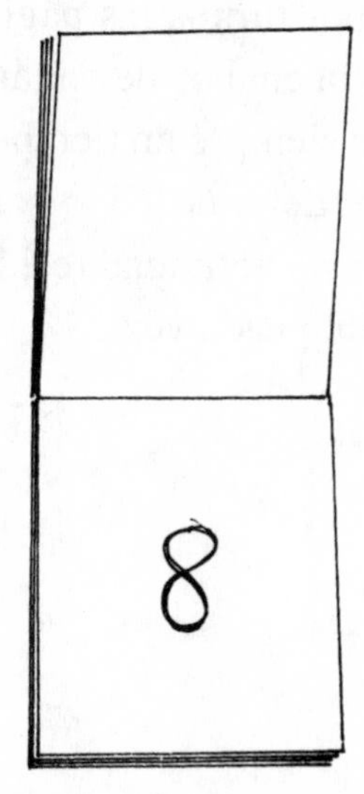

Figura 10.10. Escoger un número.

Edad: desde los 18 meses hasta los 3 años.

Objetivo: enseñar al niño a reconocer los números.

Descripción: un bloc de hojas de 10 × 15 cm con todas las páginas numeradas por orden de 1 al 10 y repetidas tantas veces como páginas haya en el libro.

Material:

- Un bloc de 10 × 15 cm.
- Un rotulador.

Instrucciones: escribe un número en cada página. Empieza por el «1» y sigue hasta el «10». Luego, repite la secuencia tantas veces como sea necesario para completar el bloc.

Cómo usar este juguete y divertirse con él

Con tu hijo, pasad por turnos las páginas del bloc. Decid el número de la página en la cual os detengáis. Si tu hijo no conoce su número, dilo tú. Deja siempre un tiempo prudente antes de decir tú el número en lugar del niño. Si lo conoce, es preferible que él lo diga. La gracia de esta actividad reside en la sorpresa de encontrar un número distinto cada vez.

11

Juguetes basados en formas

Reconocer formas

Una forma es un concepto que el niño es capaz de aprender a una edad muy temprana si se le presenta con claridad. Los «Libros de formas», «Cajas con formas», «Juguetes para encajar piezas», «Colecciones de formas», «Asientos de formas» y «Secuencias de formas» enseñan formas al niño al tiempo que le enriquecen en otros aspectos de su desarrollo: el motor y el del lenguaje.

Libros de formas

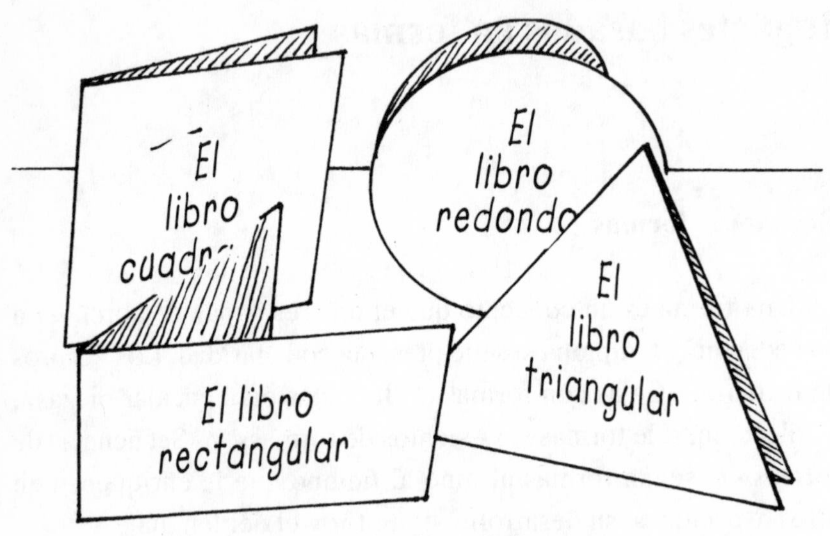

Figura 11.1. Libros de formas.

Edad: desde el nacimiento hasta los 3 años.

Objetivo: enseñar a tu hijo a reconocer formas a través de la repetición y la familiarización.

Descripción: una serie de «libros» del tipo carpeta, cada uno de una forma distinta. Puedes hacer tantos como quieras. Para empezar, haz uno redondo, uno cuadrado, uno triangular y uno rectangular. Los siguientes pueden ser hexagonal y ovalado. Después, puedes seguir con otras formas. Cada uno de estos libros, además de tener una forma determinada, contiene en su interior dibujos de objetos cuya forma es como la del libro.

Material:

- Una carpeta (color crudo o de colores) para cada libro.
- Revistas, libros para colorear u otras fuentes de fotos o dibujos.

- Tijeras.
- Cola blanca o pegamento.
- Lápices o rotuladores.
- Papel adhesivo transparente o material para plastificar.

Instrucciones: empieza con el libro redondo. Corta la carpeta en forma de círculo. Procura no recortar el círculo entero, sino dejar sin recortar parte del borde doblado para que la carpeta se abra como un libro; de lo contrario te quedarán dos círculos independientes. Perfila con un rotulador los márgenes de la cubierta y escribe en ella «El libro circular». Ahora, busca en revistas o libros para colorear, dibujos o fotografías de cosas circulares, como por ejemplo pelotas, globos, ruedas o platos y recórtalas. Pega en cada una de las tres páginas restantes uno de estos recortes y escribe debajo una frase que haga referencia al dibujo, como por ejemplo «La pelota tiene forma de círculo». Forra el libro entero con papel adhesivo transparente para protegerlo y hacerlo más resistente. También puedes plastificarlo.

Para hacer el libro cuadrado, recorta otra carpeta en forma de cuadrado, perfila la cubierta, escribe en ella «El libro cuadrado», pega las fotos o los dibujos pertinentes y vuelve a escribir frases descriptivas debajo. Lo mismo que antes, protege el libro con papel adhesivo transparente o plastifícalo. Usa la misma técnica para hacer tantos libros de formas como quieras.

A tu hijo le encantarán estos libros, que leerá una y otra vez. Usa el mismo libro hasta que tu hijo se familiarice con el concepto. Luego, sigue adelante y dale otro distinto. Gracias a todas las palabras y frases de estos libros, el lenguaje de tu hijo se enriquecerá notablemente.

Desde el nacimiento hasta los 18 meses. Para empezar, coge el libro redondo y enséñaselo a tu hijo igual que le enseñarías cualquier otro libro. A la hora de leerlo, empieza por la portada y di: «El libro redondo». Entonces, traza la forma con tu dedo o el dedo del niño. Abre el libro, señala el primer dibujo y lee la frase descriptiva escrita debajo. Señala cada una de las palabras cuando las leas. Sigue el mismo procedimiento para todos los libros de formas que hayas hecho. No cambies de libro hasta que tu hijo se haya familiarizado con la forma. Cuando cambies de libro, deja los anteriores junto a los otros libros del niño como recordatorio de las formas que ya conoce.

De los 18 meses a los 3 años. Utiliza el mismo procedimiento de antes a la hora de leer los libros. Sin embargo, esta vez anima al niño a participar en la lectura tanto como pueda. Si lo crees adecuado para tu hijo, pídele que busque en cada página la forma. Con el tiempo, quizá tu hijo querrá buscar dibujos para estos libros de formas. También es posible que quiera participar en la confección de alguno.

Cajas con formas

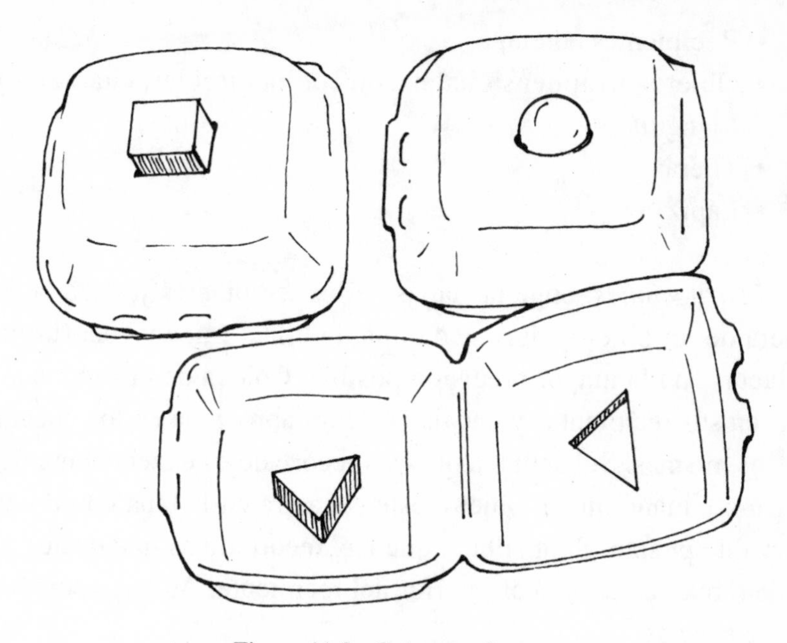

Figura 11.2. Cajas con formas.

Edad: desde el nacimiento hasta los 3 años.

Objetivo: enseñar al niño a reconocer formas a través de la repetición y familiarización.

Descripción: una serie de recipientes de plástico en cuya tapa hay un agujero que tiene una forma determinada, más una serie de figuras tridimensionales que encajan en los huecos de las tapas de los recipientes. Es mejor empezar primero con círculos, cuadrados y triángulos, uno por tapa. Hay formas difíciles de encontrar, pero para los círculos, puedes usar tapones de botellas de leche o de zumo. Para los cuadrados, lo más práctico es usar cubos de plástico o de madera de los juegos, y para los triángulos, las figuras triangulares de plástico de los tradicionales juguetes de encajar piezas o cubos de madera para hacer construcciones.

Material:

- Recipientes con tapa.
- Objetos tridimensionales con forma circular, cuadrada y triangular.
- Tijeras.
- Lápiz.

Instrucciones: coge las tapas de los recipientes y traza la silueta de un objeto sobre cada una de ellas. Luego, recorta las siluetas con la mayor precisión posible. Coloca de nuevo las tapas en sus recipientes y encaja la figura apropiada en los huecos de las mismas. Si la silueta que has recortado es exactamente del mismo tamaño que el objeto, éste encajará en la tapa como una pieza de puzzle. Si la silueta que has recortado es mayor que el objeto real, éste caerá al interior del recipiente. Ambas opciones son correctas.

Aprender las formas de este modo es parte de un planteamiento práctico, en el que está presente la interacción y manipulación. Así pues, además de favorecer el aprendizaje, esta actividad contribuye en gran medida al desarrollo de la motricidad fina del niño.

CÓMO USAR ESTE JUGUETE Y DIVERTIRSE CON ÉL

Desde el nacimiento hasta 1 año. Para empezar, ofrece a tu hijo la caja del círculo. Demuéstrale cómo el tapón de botella encaja en el círculo recortado en la tapa y ayúdale a pasarlo por dicho hueco. Puesto que el tapón es pequeño, vigila atentamente al niño para que no se lo trague. Mientras juguéis, describe lo mejor que puedas la forma circular del tapón. No dejes de utilizar esta caja hasta que veas que tu hijo es capaz de reconocer bien la forma circular. Cuando esté preparado, dale la caja del cuadrado. Por último, y cuando creas que ha llegado el momento, dale la caja del triángulo.

De 1 a 2 años. Al principio, usa sólo la caja del círculo. Deja que tu hijo juegue a meter el tapón por el hueco circular todo lo que quiera. Ayúdale tanto o tan poco como sea necesario. Sigue mencionando la forma cada vez que juguéis juntos con esta caja. Cuando a tu hijo ya no le cueste introducir el tapón por el hueco, dale la caja del cuadrado. Dile que ponga cada objeto en su correspondiente caja. Cuando tu hijo sea capaz de diferenciar bien una forma de la otra, dale la caja del triángulo. Sigue haciendo mención de las formas que toca mientras juega.

De los 2 a los 3 años. Es hora de que, junto al niño, inventes juegos nuevos con estas cajas. Siempre que juguéis juntos, refiérete a las distintas formas por sus nombres.

Juguetes para encajar piezas

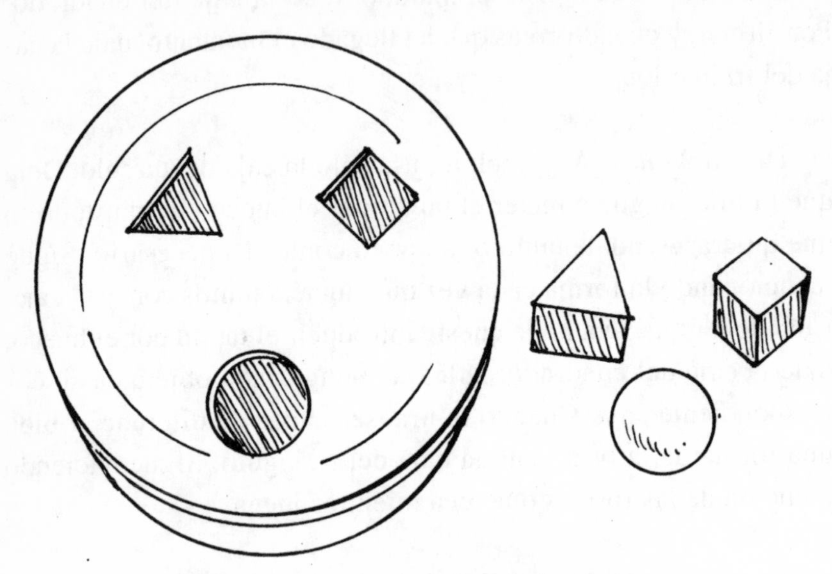

Figura 11.3. Juguetes para encajar piezas.

Edad: desde los 18 meses hasta los 3 años.

Objetivo: enseñar al niño a reconocer formas a través de la repetición y familiarización.

Descripción: un recipiente con tapa en la que hay tres huecos, cada uno de una forma: círculo, cuadrado y triángulo. Estas formas son las mismas que las de las cajas con forma recién descritas.

Material:

- Recipientes con tapa.
- Tres objetos tridimensionales, uno con forma circular, otro cuadrada y otro triangular.
- Tijeras.
- Lápiz.

Instrucciones: coge la tapa del recipiente y perfila sobre ella los tres objetos. Luego, recorta las siluetas procurando ajustarte bien a su trazado. Vuelve a poner la tapa en el recipiente y encaja cada objeto en su hueco correspondiente. Si los huecos son exactamente del mismo tamaño que los objetos, éstos encajarán en la tapa como piezas de puzzle. Si los huecos son mayores que los objetos, éstos caerán al interior del recipiente. Para hacer este juguete, ambas opciones son correctas.

Puedes hacer algunos juegos más para encajar piezas. Busca tapas en las que quepan sólo dos formas. He aquí algunas sugerencias sobre combinaciones: simplemente un círculo y un cuadrado juntos, un círculo grande (del tamaño de una pelota de tenis) y uno pequeño (procurando que el objeto destinado a encajar en él no sea lo suficientemente pequeño como para que el niño pueda tragárselo), un cuadrado grande y otro pequeño (que correspondan a dos cubos de tamaños distintos), o cualquier otra combinación que se te ocurra.

Al igual que con las cajas con formas, este modo práctico de abordar las formas favorece el desarrollo de la motricidad fina. Este juguete con sus piezas de más tiene incluso más posibilidades a la hora de jugar.

CÓMO USAR ESTE JUGUETE Y DIVERTIRSE CON ÉL

Empieza con el juguete para encajar piezas que tiene un círculo, un cuadrado y un triángulo juntos. Primero, ofrece a tu hijo el círculo para que lo ponga en su sitio. Luego, dale el cuadrado. Termina con el triángulo. Participa por turnos en el juego y diviértete con el niño encajando piezas. Después utiliza los otros juguetes para encajar piezas que has hecho. Invéntate juegos con el círculo grande y el pequeño, con el cuadrado grande y el pequeño, o con cualquier otra combinación que hayas ideado.

Colecciones de formas

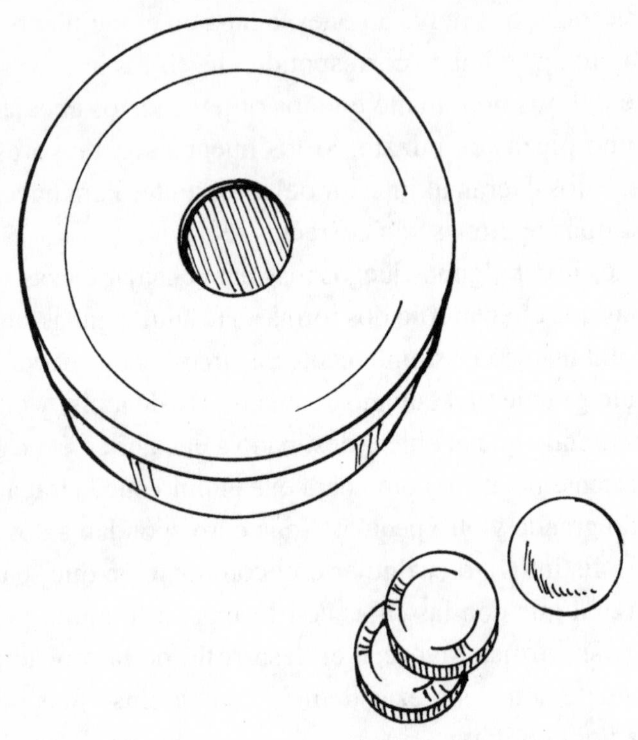

Figura 11.4. Colección de formas.

Edad: desde los 18 meses hasta los 3 años.

Objetivo: enseñar al niño a reconocer formas a través de la repetición y la familiarización.

Descripción: dos recipientes con tapa, uno con un círculo recortado en ella, y el otro con un cuadrado. Los recipientes son lo suficientemente grandes como para albergar en su interior colecciones enteras de tapones de botellas o de cubos.

Material:

- Dos recipientes.
- Una colección de tapones de botellas.

- Una colección de cubos.
- Tijeras.
- Lápiz.

Instrucciones: coge la tapa de uno de los recipientes y traza la silueta de un tapón de botella. Recorta el círculo resultante procurando ajustarte bien a su trazado. Vuelve a poner la tapa en el recipiente. Puedes hacer el círculo del tamaño exacto del tapón o hacerlo algo mayor para que al meter los tapones por dicho hueco puedan caer al interior del recipiente.

Haz ahora una colección de cubos. Sigue las mismas instrucciones para trazar el cuadrado y recortarlo. Utiliza, tanto para la colección de círculos como para la colección de cuadrados, recipientes que puedan albergar el conjunto entero de formas.

Al igual que las cajas con formas y los juguetes para encajar piezas, las colecciones de formas hacen que el niño aprenda a través de la manipulación, lo cual contribuye al desarrollo de su motricidad fina. La actividad repetitiva vinculada al juego con toda una serie de formas constituye una práctica de la motricidad fina muy efectiva.

CÓMO USAR ESTE JUGUETE Y DIVERTIRSE CON ÉL

Empieza con la colección de círculos. Uno por uno, ve dando al niño los tapones para que los meta por el círculo recortado en la tapa del recipiente. Cuando termine, haz tú lo mismo. Seguidamente, podéis meter los tapones en el recipiente por turnos. Después, jugad con la colección de cuadrados de la misma forma. Cuando tu hijo se haya familiarizado con ambas colecciones, mezcla los tapones con los cubos y haz que juegue a separar figuras. Procura participar siempre en el juego. Después de esto, invéntate tus propios juegos con estas colecciones de formas.

Asientos de formas

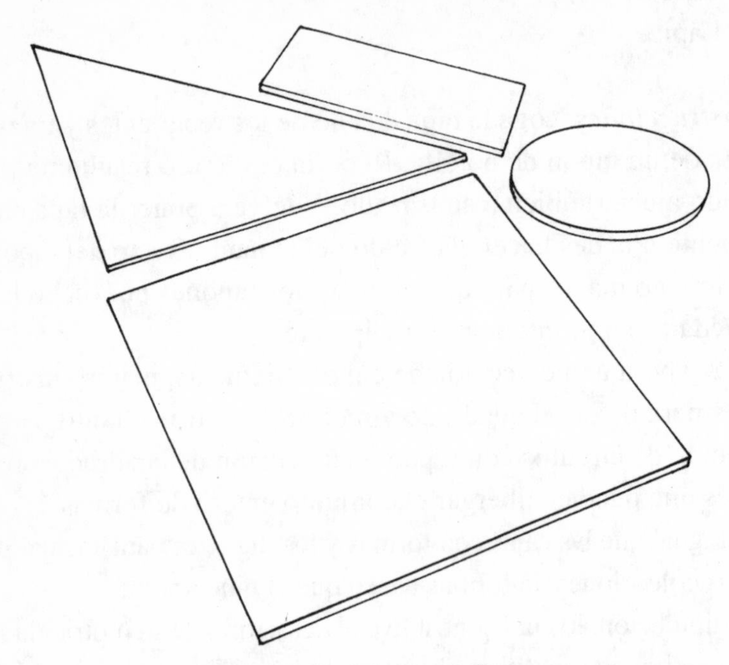

Figura 11.5. Asientos de formas.

Edad: desde el nacimiento hasta los 3 años.

Objetivo: enseñar al niño a reconocer formas a través de la repetición y la familiarización.

Descripción: cuatro grandes figuras hechas de trozos grandes de tablero contrachapado. El resultado es una serie completa de círculos, cuadrados, triángulos y rectángulos laminados de color rojo, amarillo, azul y verde.

Material:

- Ocho trozos grandes de contrachapado de color rojo, amarillo, azul y verde, de unos 70 × 60 cm, dos de cada color.
- Material para plastificar.

• Regla.
• Tijeras.
• Lápiz.

Instrucciones: empieza con una de las dos láminas de tablero de color rojo. Traza un cuadrado de unos 55 cm^2. Recórtalo y al mismo tiempo obtendrás un rectángulo. Coge la otra lámina roja. Haz lo mismo que antes. Esta vez, divide el cuadrado diagonalmente en dos para que al cortarlo te quede un triángulo. Utiliza el otro triángulo para obtener de él un círculo de unos treinta centímetros de diámetro. Una buena forma de dibujar un círculo es utilizar como plantilla un plato de 25 cm y luego recortar su silueta pero añadiendo antes a su diámetro unos cinco centímetros de anchura. Además de un plato, también puedes utilizar como plantilla un cuenco o una fuente para servir. Una vez tengas las cuatro figuras recortadas, plastifícalas o mándalas a plastificar.

Cuando tengas tu círculo, cuadrado, triángulo y rectángulo completos, sigue el mismo procedimiento para hacer las figuras amarillas. Luego, continúa con las azules y, por último, con las verdes. Una vez hayas hecho todas las figuras, tendrás las cuatro formas distintas en cada uno de los cuatro colores.

Estas grandes figuras serán muy eficaces para que tu hijo adquiera noción de las formas. Al ser apropiadas para muchas actividades libres distintas, verás que generarán mucha conversación. Todo este juego creativo estimulará notablemente el desarrollo del lenguaje del niño.

CÓMO USAR ESTE JUGUETE Y DIVERTIRSE CON ÉL

Desde el nacimiento hasta 1 año. Empieza con el juego de figuras rojas. Da a tu hijo, en primer lugar, el círculo rojo. Esta plantilla, además de ser consistente y bonita, tiene un color que atrae mucho a los bebés. No te olvides de decir lo que es, o sea, un círculo, siempre que veas que tu hijo lo mira. Cuando creas que tu hijo ya conoce bien el círculo, añade el cuadrado a su área de juego. También puede sentarse sobre ellos. Luego, dale el triángulo y, finalmente, el rectángulo. Una vez hayas usado numerosas veces las figuras rojas, saca las amarillas, luego las azules y termina con las verdes.

De 1 a 2 años. Da a tu hijo los cuatro círculos para jugar. Puedes hacer muchas cosas con ellos. Pueden ser asientos. Pueden demarcar estaciones de juego. Puedes buscar grupos de juguetes que sean del mismo color que un determinado círculo y dejarlos junto a él. Sé creativa y utiliza estos cuatro círculos de la forma que quieras. Una vez que el niño se haya relacionado ampliamente con los círculos, invéntate actividades con los cuadrados. Posteriormente, usa los triángulos y, para acabar, los rectángulos.

De los 2 a los 3 años. Saca el juego entero de figuras rojas y haz con ellas lo que quieras. Posiblemente, tu hijo de 2 años te dará muchas ideas. Puedes usarlas como pretexto para tener todo un día rojo y jugar con otros juguetes rojos e incluso vestirlo de este color. Juega con cada uno de los grupos de colores por separado y disfruta de todas tus ideas nuevas. Después, si quieres, puedes añadir un segundo grupo de figuras, como por ejemplo las amarillas. Con dos colores, puedes hacer que tu hijo juegue a emparejar figuras. Habrá momentos en los que querrás usar todas las figuras de todos los colores. Utiliza y diviértete a tu manera con tus asientos de formas.

Secuencias de formas

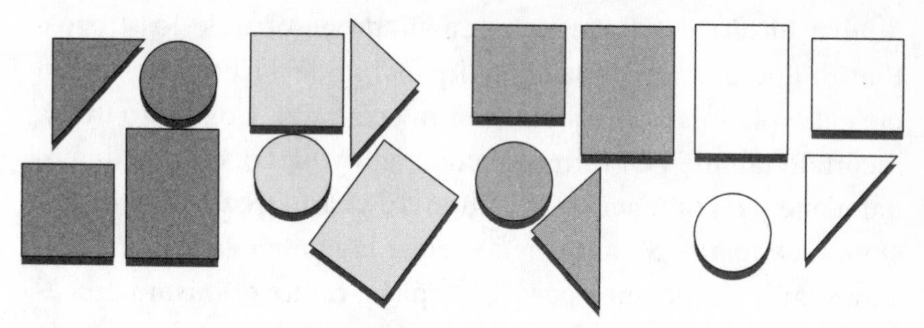

Figura 11.6. Secuencias de formas.

Edad: desde el nacimiento hasta los 3 años.

Objetivo: enseñar a tu hijo a reconocer las formas a través de la repetición y la familiarización.

Descripción: una serie de pequeñas cartulinas de distintas formas, una versión en miniatura de los asientos de formas. De una lámina de tamaño estándar de cartulina se obtienen cuatro figuras. El resultado final son cuatro colecciones formadas por un círculo, un cuadrado, un triángulo y un rectángulo, cada uno en los siguientes colores: rojo, amarillo, azul y verde.

Material:

- Cuatro láminas de tamaño estándar de cartulina de color rojo, amarillo, azul y verde, de 22 × 30 cm.
- Material para plastificar.
- Regla.
- Tijeras.
- Lápiz.

Instrucciones: para empezar, coge una lámina roja. Dóblala dos veces por la mitad y luego córtala en cuatro trozos. En uno de los trozos, marca un círculo con una copa de tamaño grande; puedes utilizar cualquier otro tipo de vaso como plantilla para dibujar el círculo. Recorta un cuadrado en otro de los trozos. Puesto que uno de los lados del papel mide 11 cm, haz que el otro mida lo mismo para obtener un cuadrado. Coge otro trozo, recórtalo también en forma de cuadrado y luego, córtalo diagonalmente para obtener un triángulo. El cuarto trozo es ya de por sí un rectángulo. Seguidamente, coge la lámina amarilla. Vuelve a seguir los mismos pasos. Después, repite el mismo procedimiento con las láminas azul y verde. Cuando hayas recortado las cuatro láminas en cuatro figuras cada una, lleva las dieciséis figuras a plastificar. Cuatro figuras de éstas caben en una hoja de plastificar de tamaño estándar. Sepáralas una vez plastificadas. Hacer esto probablemente te resultará fácil y te llevará poco tiempo.

Tal y como sucedía con las figuras grandes, éstas más pequeñas también harán que tu hijo adquiera una noción sólida sobre las formas. Tanto las actividades de secuenciar como cualquier otro juego que te inventes junto a tu hijo con estas cartas generará mucha conversación. Todas estas actividades contribuirán a la estimulación del desarrollo del lenguaje de tu pequeño.

Cómo usar este juguete y divertirse con él

Desde el nacimiento hasta 1 año. Primero, da a tu hijo el círculo rojo. Al igual que con las figuras grandes, éste tendrá una dureza y una textura interesantes para el niño así como un color muy atractivo. No te olvides de decir que es un círculo siempre que veas a tu hijo mirándolo. Cuando creas que tu hijo ya se ha familiarizado con el círculo, añade el cuadrado rojo a su área de juego. Después, añade el triángulo y, por último, el rectángulo.

Cuando hayas usado las figuras rojas muchas veces, pasa a las amarillas, luego a las azules, y por último a las verdes. Usa los colores por separado para que el impacto sea mayor.

De 1 a 2 años. Da a tu hijo los cuatro círculos pequeños para jugar. Puedes hacer muchas cosas con ellos. Puedes poner el rojo, el amarillo y el verde de forma que parezcan un semáforo. También puedes hacer composiciones interesantes. Otra idea es poner el círculo, el cuadrado, el triángulo y el rectángulo del mismo color de una forma para luego colocar el resto de las figuras del mismo modo. O colocar la misma figura en los distintos colores de una forma y separar el resto de las figuras de la misma forma. Tu hijo también te servirá de guía a medida que construya sus propias actividades con las figuras. Sé creativa y utiliza todas estas coloridas figuras de la forma que quieras.

De los 2 a los 3 años. Puedes empezar a hacer composiciones o series con estas figuras. Empieza con series muy sencillas. Puedes hacer algo así como una serie de rojo, amarillo, rojo, amarillo, etc. También puedes hacer una serie de círculo, cuadrado, círculo, cuadrado, círculo, cuadrado y círculo, cuadrado. Procura divertirte a la hora de crear series que te parezcan apropiadas para tu hijo. Ayúdale tanto o tan poco como sea necesario.

12

Juguetes basados en la lectura

El desarrollo de la lectura

Después de haber pasado por la experiencia de enseñar a leer a niños de primaria, decidí que podía ser más fácil y natural aprender a leer mientras se aprende a hablar. Sabía que las reglas fonéticas que enseñamos son complicadas y que muchas palabras incumplen estas reglas; por todo ello buscaba un método mejor.

Tras años de investigación, el doctor O. K. Moore, de la Universidad de Yale, obtuvo resultados alentadores. Tal y como afirmaba Glenn Doman en *Cómo enseñar a leer a su bebé,* descubrió que era más fácil enseñar a leer a un niño de 3 años que a uno de 4, a uno de 4 que a uno de 5 y a uno de 5 que a uno de 6.

El principio que se esconde tras mi planteamiento es el mismo que usa un bebé cuando está aprendiendo a identificar dibujos. Primero, el bebé aprende que un dibujo específico es un pato. Luego, reconoce más y más dibujos como patos. Finalmente, puede reconocer un pato, sea cual fuere su tamaño, forma o color. En el caso que nos ocupa, el bebé primero aprende a reconocer la palabra escrita con letras grandes en un papel de color y, con el tiempo, llega a identificarla en cualquier tamaño y tipo de letra o impresión.

Este proceso deriva del proceso de aprender a hablar. Si conoce el significado de las palabras que dice, puede aprender a leer al mismo tiempo que aprende a hablar. La palabra escrita da a la palabra oral otra dimensión. Al mismo tiempo que tu hijo dice sus primeras palabras, puede también ver su representación escrita.

Libros de palabras

Figura 12.1. Libros de palabras.

Edad: desde 1 año hasta los 2 años.

Objetivo: enseñar a tu hijo a leer a través de una identificación personal con palabras específicas.

Descripción: cinco carpetas de anillas con la palabra «Libro» escrita en su portada y con hojas de papel de copia de distintos colores en su interior y una palabra distinta escrita con letras grandes en cada página.

Material:

- Cinco carpetas de anillas (empieza con cinco y ve comprando más a medida que las vayas necesitando).
- Folios: cincuenta hojas de muchos colores, de tamaño DIN A4.

- Una taladradora de papel para hacer agujeros.
- Un lápiz o rotulador.

Instrucciones: haz los agujeros correspondientes a las anillas en cada uno de los folios para poder meterlos en las carpetas. Pon en cada carpeta diez de estos folios. Este tipo de papel no es resistente y se rasga con facilidad. A pesar de ello, es fácil de reponer si eso ocurre. Haz un libro primero y sigue haciendo más cuando los necesites. Escribe la palabra «Libro» en la tapa de la carpeta. En la primera página, escribe una de las primeras palabras que tu hijo haya aprendido a decir. Escribe esta palabra y todas las que le sigan con un lápiz o rotulador oscuro y con letra grande y clara. Empieza las palabras con una letra mayúscula y escribe el resto con letras minúsculas. Da la sensación de que escribir las palabras enteras en letras mayúsculas debería facilitar su lectura, sin embargo, no hay diferencia. Es mejor usar letras minúsculas porque son las que se usan en los libros. Empieza escribiendo una primera palabra y ve añadiendo más a medida que a tu hijo empiece a gustarle decir cosas.

CÓMO USAR ESTE JUGUETE Y DIVERTIRSE CON ÉL

De 1 a 2 años. Cuando oigas a tu hijo decir una palabra y le veas sonreír y mostrarse encantado de lo que ha hecho, enséñale la palabra en el libro. A tu pequeño le gustará ver la forma escrita de la palabra. Si el libro sólo tiene una página con una palabra escrita, haz que la lea de esta forma. A medida que añadas palabras individuales en las otras páginas, tu hijo podrá leer un libro más largo. El motivo por el cual las palabras están puestas en páginas y dentro de un libro titulado «Libro» y no en tarjetas es dar la idea de que las palabras están escritas en los libros.

Llena el libro palabra a palabra. Escribe en estos libros todas las palabras nuevas que tu hijo vaya aprendiendo a decir. Es probable que puedas registrar aproximadamente sus primeras cincuenta palabras. Así, te harás con una bonita colección de cinco libros con diez palabras en cada uno. Como estos libros se hacen sobre la marcha y se personalizan en función del vocabulario del niño, no es posible encontrar en el mercado otros que tengan estas cualidades tan especiales.

De los 2 a los 3 años. Puedes seguir haciendo más libros de palabras como éstos. También puedes hacer libros que tengan combinaciones de dos palabras que tu hijo empiece a decir. Finalmente, quizá quieras incluir en estos libros frases cortas que a tu hijo le guste decir. Deja estos libros al alcance del niño. Así, podrá cogerlos en cualquier momento y sentir la satisfacción e independencia de ser capaz de leer sus propios libros.

Libreta de palabras

Figura 12.2. Libreta de palabras.

Figura 12.3. Libreta de palabras.

Edad: desde los 2 hasta los 3 años.

Objetivo: enseñar al niño a leer a través de la familiarización y la repetición de palabras que él pronuncia.

Descripción: una libreta de espiral de 10 × 15 cm con hojas tipo ficha en la que hay escritas palabras extraídas de los libros de palabras del niño. También puede contener palabras nuevas o frases.

Material:

- Una libreta de espiral de 10 × 15 cm con hojas del tipo ficha.
- Un lápiz de color.

Instrucciones: coge un lápiz y la libreta de espiral de 10 × 15 cm y escribe en el lado rayado de las fichas las palabras de los libros de palabras que más gusten a tu hijo, una por página. Así, tu hijo verá que puede leer sus palabras en otro lugar. En cuantos más sitios diferentes las vea, antes podrá leerlas en cualquier parte. Probablemente, las primeras palabras serán su nombre y otras como «Mamá» y «Papá». Una por una, ve añadiendo palabras al libro. Comprueba que conoce una antes de poner otra. Cuando empiece a decir frases o expresiones, utiliza este libro para escribirlas, una cada vez. Puedes decorar la tapa del libro escribiendo un título y haciendo algún dibujo o poniendo alguna pegatina. De esta forma, tu pequeño encontrará el libro más atrayente.

CÓMO USAR ESTE JUGUETE Y DIVERTIRSE CON ÉL

De 1 a 2 años. Cuando estés haciendo cola en algún sitio con tu hijo, en la consulta del médico o en un restaurante, podrás mantener a tu pequeño entretenido con este libro de lectura personalizado. Como contiene palabras que a tu hijo le gusta decir, se lo pasará bien diciendo las palabras, frases y expresiones que le enseñes. Al tratarse de una libreta de espiral, podrás empezar con una palabra y poco a poco ir ampliando el libro. No hay un número de palabras determinado. El número correcto es el número que has ido acumulando con el tiempo. Lo más probable es que el niño abra el libro cada vez por una página distinta. Este factor sorpresa añade entretenimiento al libro y contribuye también a la eficacia del aprendizaje.

De los 2 a los 3 años. Sigue añadiendo palabras y frases tal y como hacías antes. Ahora, pregunta a tu hijo qué palabras y frases le gustan más. De este modo, tu hijo se lo pasará bien leyéndolas una y otra vez. Recuerda que debes introducir los conceptos uno por uno y nunca antes de que tu hijo haya repetido muchas veces los anteriores y se haya familiarizado con ellos. Lo mismo que antes, el niño puede leer las palabras, frases y expresiones del libro en el orden que quiera. Cualquier página por la que abra el libro está bien.

Libro de las categorías

Figura 12.4. Libro de las categorías.

Figura 12.5. Libro de las categorías.

Edad: desde el nacimiento hasta los 3 años.

Objetivo: enseñar a tu hijo a leer mediante asociaciones significativas.

Descripción: una carpeta de anillas con treinta folios de cinco colores distintos, seis de cada uno, cada folio protegido en una funda de plástico. La primera página de cada color tiene el nombre de una categoría, como por ejemplo «Flores», «Animales», «Personas», «Juguetes» y «Comida» escrito con letras grandes y claras. En cada una de las cinco páginas siguientes hay una imagen de esa categoría y una o varias palabras que la describen.

Material:

- Una carpeta de anillas.
- Treinta folios de cinco colores diferentes, seis de cada uno.
- Treinta fundas protectoras de plástico, taladradas, para los folios.
- Revistas, catálogos, tarjetas postales u otras fuentes de fotos o dibujos.
- Tijeras.
- Cola blanca o pegamento.
- Un rotulador.

Instrucciones: introduce cada uno de los folios de colores en una funda protectora de plástico. Pon los treinta folios enfundados en una carpeta de anillas de forma que queden agrupados por colores. Escribe el nombre de una categoría en el primer folio de cada color y deja los cinco folios siguientes en blanco para poder poner en ellos fotografías relacionadas con esa categoría. Por ejemplo, si la primera categoría es «Flores» y el primer color es el rosa, escribe sólo la palabra «Flores» en la primera página rosa y luego pega fotografías de flores, que puedes haber tomado de revistas, tarjetas postales u otras fuentes, en cada una de las siguientes cinco páginas rosa. Pon sólo una foto en cada página y escribe debajo su nombre con una o varias palabras. Si encuentras muchas fotos que te gustan de alguna categoría, añade más páginas. Éste es un libro que puedes ir fabricando con el paso del tiempo. Las cajas o envases de productos son una buena fuente de fotografías de fácil acceso. Encontrarás fotografías coloridas para la categoría de «Juguetes» en las cajas de éstos. Las cajas de galletas o de cereales suelen tener buenas fotos para la categoría de «Comida», y muchas cajas de juguetes y de productos alimenticios tienen atractivas fotos de bebés y de niños que pueden ir como anillo al dedo para la categoría de «Personas».

CÓMO USAR ESTE JUGUETE Y DIVERTIRSE CON ÉL

Desde el nacimiento hasta los 18 meses. Lee este libro con tu bebé del mismo modo que has leído con él los otros libros de imágenes que tú misma has confeccionado. Señala la foto y descríbela con la palabra o palabras que hay escritas debajo, y luego señala esa palabra o palabras y léelas. Con esto estás enseñando a tu hijo que la fotografía y las palabras son lo mismo. De este modo, empiezas a introducir palabras vistas en el contexto de un libro de imágenes interesante para él. A través de la repetición y la familiarización, tu hijo estará aprendiendo a leer.

De los 18 meses a los 3 años. Ahora que tu hijo ya se ha familiarizado con muchas de las imágenes y palabras del libro, podrá participar cada vez más en su lectura. A medida que vayas señalando tanto las fotos como las palabras escritas, deja tiempo para que diga todas las que pueda. Además, podéis mirar juntos revistas, catálogos, tarjetas postales y demás fuentes de imágenes con el fin de encontrar nuevas adquisiciones para vuestro libro de categorías. Recortad las fotos y pegadlas en páginas nuevas. Si el niño colabora en parte del proceso creativo del libro, éste adquirirá más significado todavía para él.

Postales

Figura 12.6. Postales.

Edad: desde los 18 meses hasta los 3 años.

Objetivo: enseñar a leer a través de la estimulación de la discriminación visual.

Descripción: cinco parejas de postales.

Material: cinco parejas de postales

Instrucciones: poner sobre una mesa diez postales emparejadas de dos en dos.

CÓMO USAR ESTE JUGUETE Y DIVERTIRSE CON ÉL

De los 18 meses a los 3 años. Empieza mostrando a tu hijo dos postales iguales. Más tarde, muéstrale otro par. Ahora, pon dos postales distintas sobre la mesa. Por turnos, emparejadlas con las dos restantes. Cuando tu hijo se haya familiarizado con esta actividad, introduce en el juego un tercer par de postales. Más tarde, cuando el niño vuelva a estar preparado, introduce el cuarto par y después el quinto. Por turnos, id emparejando las postales, una por una. Para acabar, emparejadlas todas.

Cuando salgas, acuérdate de este juego. Tanto si vas con el niño como si no, hazte con cuantos más pares de postales mejor. Una vez las tengas, organízalas por grupos de diez. Estas postales, asimismo, al ser de lugares en los que has estado, y quizá también tu hijo, estimularán un tipo de conversación interesante y ameno.

Tarjetas de alimentos sanos

Figura 12.7. Tarjetas de alimentos sanos.

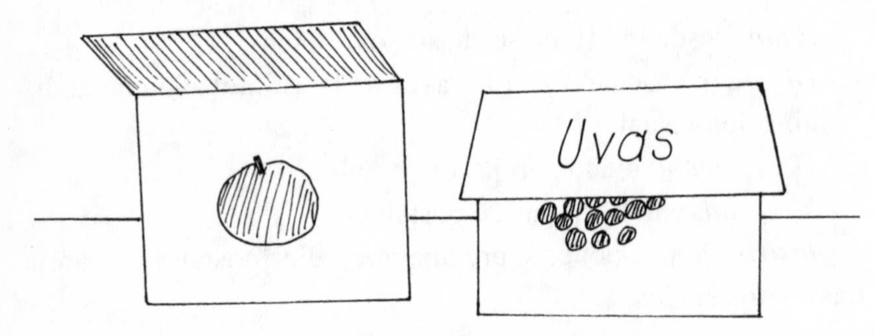

Figura 12.8. Tarjetas de alimentos sanos.

Edad: desde los 18 meses hasta los 3 años.

Objetivo: enseñar a leer a través de la asociación de palabras con imágenes.

Descripción: una serie de fichas de 12 × 20 cm dobladas por la mitad. Cada una de ellas tiene una palabra como «Manzana», «Plátano» o «Copos de avena» escrita en su cara externa, y una fruta, un vegetal o un tipo de cereal dibujado en su interior.

Material: un número ilimitado de fichas de 12 × 20 cm.

Instruccciones: una por una, dobla por la mitad las fichas de 12 × 20 cm. Escribe el nombre de una fruta, vegetal o cereal en la cara externa de las fichas. Algunos ejemplos son: «Tomate», «Brócoli» y «Pasta». Dibuja dicho alimento con lápices de colores en el interior.

Además de enseñar a leer, estas tarjetas enseñan al niño qué alimentos son nutritivos. Los que deben estar presentes en estas tarjetas son aquellos productos naturales no procesados que no contienen colorantes, ni aromas, ni conservantes artificiales. Véase el capítulo 1 para más información sobre nutrición.

A los niños les encantan los arco iris. Comer sano significa comer productos naturales de todos los colores del arco iris: violeta, rojo, naranja, amarillo, azul y verde. He aquí algunas ideas para que enseñes a tu hijo a comer con la ayuda del arco iris:

- Violeta: uvas, ciruelas.
- Rojo: manzanas, fresas.
- Naranja: naranjas, zanahorias.
- Marrón: cereales, pan.
- Amarillo: plátanos, limones.
- Azul: arándanos.
- Verde: espinacas, judías verdes.

Cómo usar este juguete y divertirse con él

Saca unas cuantas tarjetas de alimentos sanos. Elige una y enséñasela a tu hijo. Mira si por la palabra escrita puede decir de qué alimento se trata antes de abrir la tarjeta. Si no ha podido decir el nombre del producto antes de ver su dibujo, vuelve a mostrarle después la palabra y mira si quiere decirla entonces. Repite esta actividad con tantas tarjetas de alimentos sanos como quieras. Jugad hasta que alguno de los dos empiece a perder el interés.

Tomando como base la idea del arco iris, puedes ordenar tus tarjetas de alimentos sanos por colores. Procura recalcar que los alimentos con más nutrientes son los que tienen un color intenso y bonito. Quizá quieras incluir también la leche, de color blanco, y las moras, de color negro, como alimentos sanos con colores auténticos. Éste es un momento magnífico para decir al niño en qué consiste comer sano así como para hablar sobre ello y explicárselo.

Tarjetas de palabras

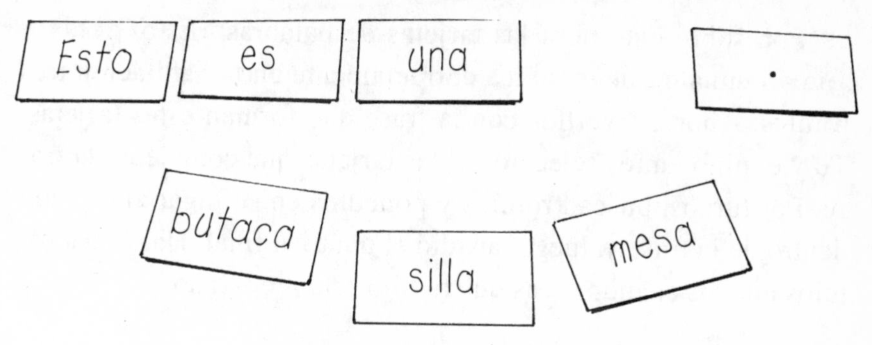

Figura 12.9. Tarjetas de palabras.

Edad: desde los 2 hasta los 3 años.

Objetivo: enseñar a leer mediante la colocación de rótulos en los objetos de casa.

Descripción: una serie de veinticinco fichas de 7 × 12 cm, cada una con una inscripción, incluyendo tarjetas con las inscripciones de «Esto», «es», «una», «un» y una con un punto ortográfico. Puedes iniciar esta actividad con tres tarjetas o rótulos y poco a poco ir añadiendo más.

Material:

- Veinticinco fichas de 7 × 12 cm.
- Un rotulador.

Instrucciones: para empezar, haz tres rótulos. Puedes poner palabras como, por ejemplo, «butaca», «mesa» y «silla». Más tarde, introduce tarjetas de «Esto», «es», «un», «una» además de una con un punto ortográfico. Haz más rótulos cuando tu hijo ya se haya familiarizado con los tres primeros.

Pon sobre una mesa las tarjetas de palabras «Esto», «es» y «un» o «una». Luego, ubica correctamente en la habitación tres rótulos. Ahora, divertíos con la frase que forman estas tarjetas. Tú y el niño juntos seleccionad las tarjetas que completen la frase. Por turnos, buscad rótulos y ponedlos en su lugar apropiado dentro de la frase y, luego, añadid el punto al final. Haz y usa rótulos nuevos cuando creas que tu hijo está preparado.

Puzzles de palabras

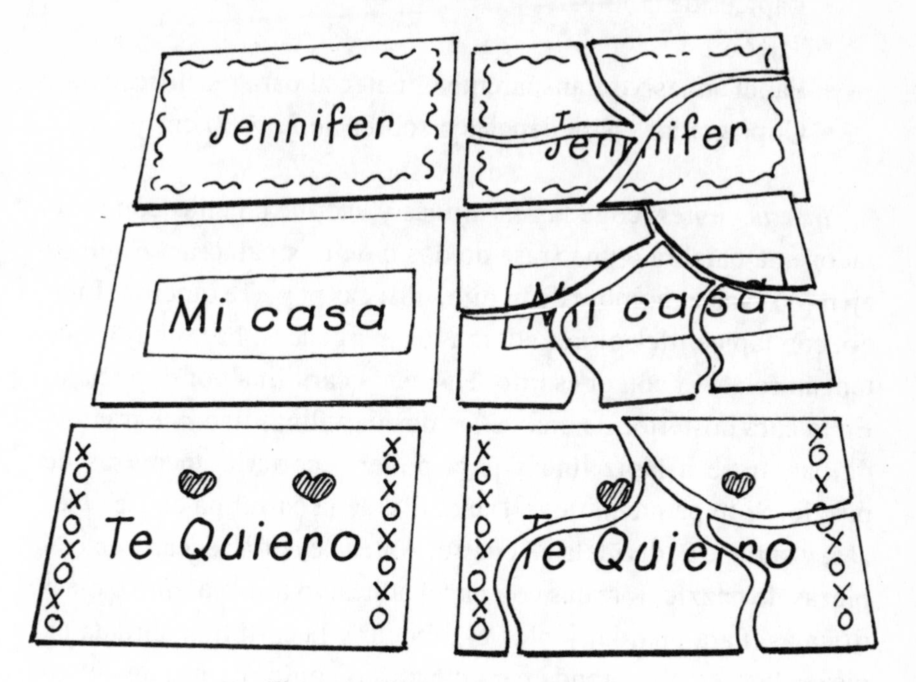

Figura 12.10. Puzzles de palabras.

Edad: desde 1 hasta los 2 años.

Objetivo: enseñar a leer haciendo puzzles.

Descripción: dos series de cartulinas con palabras y dibujos, dos de cada dibujo. Una de las dos cartulinas que integran cada par está cortada en forma de piezas de puzzle mientras que la otra permanece íntegra a modo de guía para hacer el puzzle. Ambas versiones del dibujo se guardan juntas con un clip grande para papeles o en un sobre de 22 × 30 cm con un título apropiado.

Material:

- Doce cartulinas de color blanco de 22 × 30 cm.

- Un rotulador.
- Lápices de colores.
- Tijeras.
- Papel adhesivo transparente o material para plastificar.
- Clips grandes para papeles o sobres de 22 × 30 cm.

Instrucciones: coge las cartulinas y escribe en ellas con rotulador una palabra o una frase de dos o de tres palabras. Algunos ejemplos son el nombre de tu hijo, «Mi casa» y «Te quiero». Luego, con lápices de colores adorna los márgenes o haz dibujos que tengan relación con el escrito. Haz cada cartulina por duplicado. En la cara posterior de una de las dos cartulinas que integran cada par, traza a lápiz líneas para poder recortarla en piezas de puzzle. Si tu pequeño tiene 1 año, divide la cartulina en tres piezas, y si tiene 2, divídela en cuatro. Antes de cortar la cartulina en piezas de puzzle, fórralas con papel adhesivo transparente o plastifícalas. Para guardar juntos el modelo y la cartulina cortada en piezas, usa un clip grande para papeles o ponlos dentro de un sobre de tamaño 22 × 30 y escribe fuera un título apropiado.

Cómo usar este juguete y divertirse con él

De 1 a 2 años. Diviértete con tu hijo haciendo puzzles de tres piezas. Ayúdale tanto o tan poco como sea necesario.

De los 2 a los 3 años. Diviértete con tu hijo haciendo puzzles de cuatro piezas. Ayúdale tanto o tan poco como sea necesario.

Grabar un libro

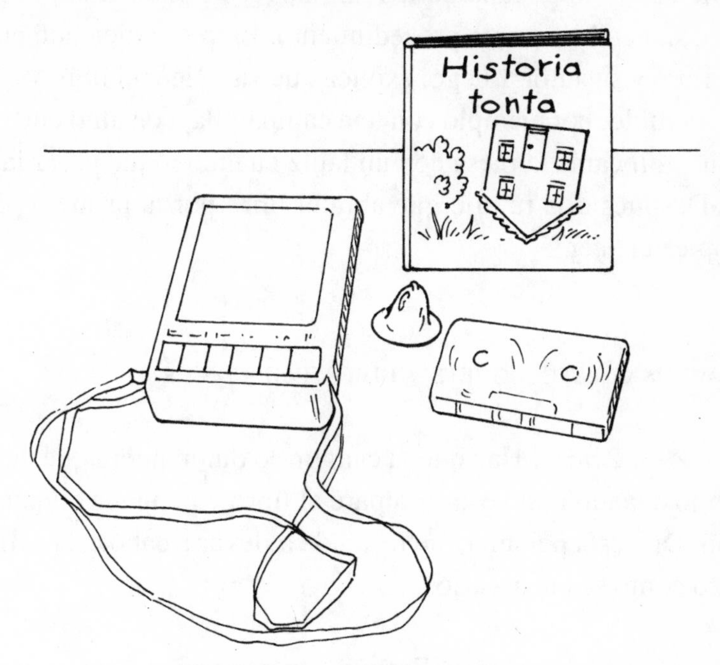

Figura 12.11. Grabar un libro.

Edad: desde 1 año hasta los 2 años.

Objetivo: enseñar a leer relacionando la discriminación visual con la auditiva.

Descripción: el libro que quieras y la grabación de éste con tu voz.

Material:

- El libro que tú elijas.
- Una grabadora.
- Una cinta virgen de casete.
- Una campanilla, algo que chirríe o un lápiz.

Instrucciones: elige un libro que guste a tu hijo. Es recomendable usar uno de tapa dura y páginas resistentes. Para la grabación, sigue el siguiente procedimiento. Empieza diciendo el título del libro y su autor. Luego, explica que vas a leer el libro y que harás un ruido, por ejemplo con una campanilla, con algo que chirríe o que golpearás la mesa con un lápiz cuando toque pasar la página. Después di a tu hijo que abra el libro por la primera página. Empieza a leer.

CÓMO USAR ESTE JUGUETE Y DIVERTIRSE CON ÉL

De 1 a 2 años. Haz que la canguro o quienquiera que cuide de tu hijo cuando tú no estás prepare el libro y ponga la cinta para el niño. Di a esta persona que le ayude a llevar a cabo esta actividad tanto como sea necesario.

De los 2 a los 3 años. Enseña a tu pequeño a usar, en la medida de lo posible, el libro y la cinta él solo. Tal y como se menciona arriba, préstale tanta ayuda como sea necesaria para que pueda ejecutar esta acción.

TERCERA PARTE

El interminable proceso de aprender

13

Actividades de seguimiento

De los 3 a los 5 años

El tema principal de este libro es la presentación de actividades para bebés y niños menores de 3 años, sin embargo, las ideas que contiene se pueden aplicar al niño a medida que crece. Yo espero que lo que has aprendido acerca de cómo hacer juguetes y libros personalizados y educativos, cómo usar lo que has hecho y cómo estimular y guiar a tu hijo a través de su rutina diaria te ayudará a la hora de seguir confeccionando juguetes para él. A continuación hay algunas sugerencias sobre actividades de seguimiento en cada uno de los ámbitos: autoconciencia, colores, letras, números, formas y lectura.

Autoconciencia

Intenta arreglar para tu pequeño en algún lugar de la casa una casa y tienda pequeñas a las cuales pueda ir y de las cuales se pueda encargar.

Busca un lugar en el fondo de un armario o despensa o separa y transforma una esquina de una habitación o del cuarto de jugar. A veces, un cartón grande es suficiente para aislar el lugar. Tener el espacio suficiente siempre es un problema, pero si reordenas las cosas es probable que ganes espacio.

He aquí lo que una vez dijo una madre:

Figura 13.1. La casa despensa y tienda.

En casa, mi hija siempre solía meterse debajo del último estante de la despensa. Al verlo, mi marido decía: «Ya se mete en su casita». Un día tuve una idea y transformé aquel lugar en «su casita». Decoré las paredes con un papel adhesivo de color luminoso. No le quité completamente el papel de atrás, sólo el suficiente para que se pegara en la pared puesto que quitar todo el papel protector a una hoja tan grande habría hecho que al ponerla quedaran burbujas y arrugas. Así, se convirtió en el lugar donde guardaba sus muñecas, algunos platos, una escoba, un recogedor y otros cacharros de juguete.

Como tenía la suerte de tener el espacio suficiente como para poder prescindir del primer estante de la despensa, aquello pronto se convirtió en su tienda. Compré papel adhesivo de otro color y forré con él las paredes, hice un toldo con papel de envolver (protegido con papel adhesivo transparente) y una puerta doble con un cartón pequeño. Una parte de la tienda estaba decorada con estanterías para las cajas. En la otra parte había dibujada una nevera con espacio para los cartones de huevos, cajas de leche y helados y otros productos de nevera. En el medio había una caja rectangular de plástico para el dinero. Ésta tenía, en un lado, un espacio para poner billetes hechos con fichas de papel y en el otro, un vasito de papel para las monedas de juguete. En vez de tirar a la basura las cajas, les ponía una etiqueta con el precio, hecha con círculos autoadhesivos, y la dejaba en la tienda. Procuraba redondear el precio de los artículos. A mi hija le encantaba jugar a tiendas con cualquier persona que viniera de visita. Primero les daba el dinero. Ellos le pedían algo. Ella lo buscaba, les decía el precio y les daba el producto. Luego, cogía el dinero y lo guardaba correctamente en la caja para el dinero. Cuando adquirió soltura con los números, dejé el precio original en las cajas.

Colores

Si te han dado resultado, sigue con las cajas de colores de seguimiento y los libros de colores de seguimiento. Esta vez, utiliza recipientes de distintos tamaños para los colores nuevos como el rosa, violeta, naranja, marrón, negro y blanco. Si usas recipientes fáciles de manejar, además habrás creado un juguete para hacer torres.

Para hacer más libros y montarlos más rápidamente si cabe, puedes usar cartulinas para todo el libro y graparlas juntas. Si lo haces de esta forma, cubre las grapas con varias capas de cinta de pintor para evitar que el niño se haga daño con ellas. Como tu hijo es algo mayor, no es tan necesario que estos libros tengan unas tapas tan resistentes como las de los primeros cuatro libros de colores. Si quisieras hacer un libro plateado, intenta hacer las

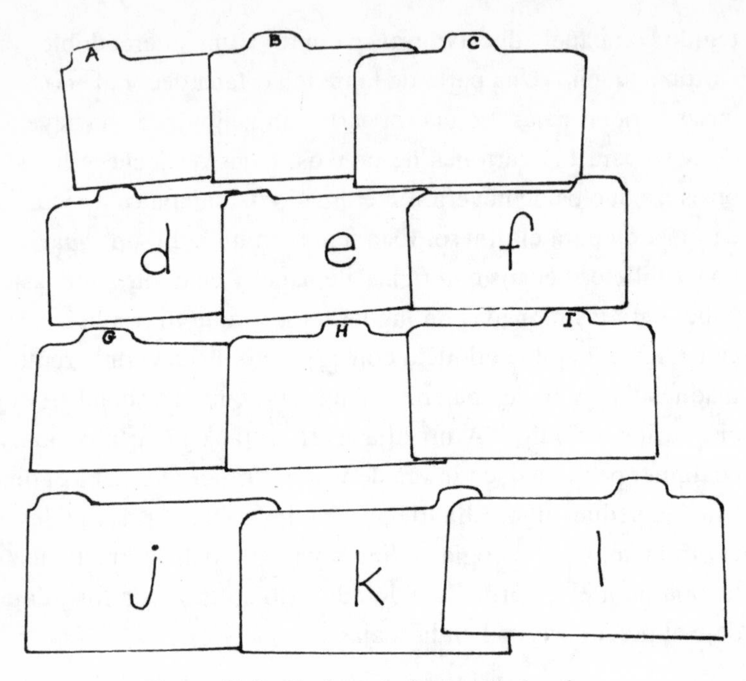

Figura 13.2. Tarjetas de letras minúsculas.

páginas cubriendo hojas de cartón con papel de plata, incluso la tapa. Asimismo, forra todas las páginas con papel adhesivo transparente o plastifícalas. Si no lo haces, el papel de plata podría desprenderse y tu hijo podría tragarlo por error.

Letras

Una vez que tu hijo domine las letras mayúsculas, puedes pasar a usar las tarjetas de letras minúsculas. Compra un paquete pequeño de divisores de fichero de unos 7 × 12 cm. Éstos vienen ya con una letra mayúscula impresa en un lado. En el lado de cada ficha opuesto al que tiene la letra impresa, escribe su letra correspondiente en minúsculas.

Una por una, ve enseñando estas tarjetas a tu hijo, primero por el lado de la letra en minúsculas e, inmediatamente después, por el lado de la letra en mayúsculas, diciendo cada vez el nombre de la letra. Repítelo varias veces. Luego, muéstrale la letra en minúsculas y haz que la pronuncie antes de que tú gires la tarjeta y pueda ver la letra impresa en mayúsculas. Si no la dice enseguida, enséñasela. Hazle saber que no se ha equivocado, sólo que no ha sido lo suficientemente rápido como para decirla antes de que tú se la enseñaras; con el tiempo lo será. Aunque el objetivo del juego sea decir la letra en minúsculas con la suficiente rapidez (antes de que tú le muestres la letra en mayúsculas) y no dar una respuesta correcta o incorrecta, igualmente se produce aprendizaje.

Números

Coge una libreta de espiral con hojas tipo ficha de tamaño 7 × 12 cm. Escribe un título en la tapa delantera o decórala con pegatinas o dibujos para que a tu hijo le resulte atractiva. Utiliza el lado rayado de las hojas (si es que lo hay) y escribe los números del 0 al 100 de diez en diez. Cuando el niño sea capaz de reconocerlos, utiliza las páginas restantes de la libreta para escribir de cinco en cinco los números hasta el 100.

Cuando creas que ya sabe decir los números de cinco en cinco y de diez en diez, empieza una nueva sección con los números del 11 al 20. Luego, sigue con los números del 21 al 30. Puedes incluir todo esto dentro del Libro I de números de seguimiento.

Si tanto a ti como a tu hijo os ha gustado este libro, sigue con el Libro II de números de seguimiento. He aquí algunas sugerencias para este libro: 31-40, 41-50, 51-60, 61-70 y 71-80.

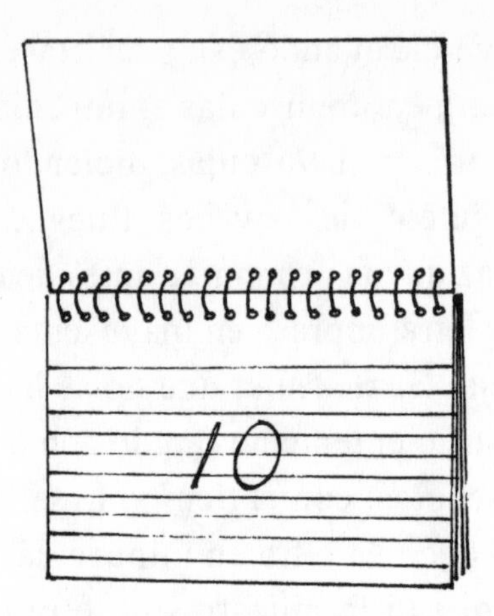

Figura 13.3. Libro I de números de seguimiento.

Figura 13.4. Libro I de números de seguimiento.

Si todo continúa yendo bien, sigue adelante y haz otro libro de números. Sigue con los números del 81 al 90 y del 91 al 100. Después, si tu pequeño todavía no se ha cansado, añade los números que van hasta el 110. Para acabar, puedes rematar el libro con unos números que pueden ser muy divertidos para el niño: 100, 200, 300, 400, y así hasta el 1.000. Te sobrarán diez páginas. Úsalas como quieras.

Figura 13.6. Libro II de números de seguimiento.

Figura 13.5. Libro II de números de seguimiento.

A la hora de hacer todos estos libros, trata de introducir cada nueva secuencia de números cuando creas que tu hijo está preparado para asimilarla.

Este proceso no es una competición. Es un proceso que se debe realizar y disfrutar lentamente. Gran parte del aprendizaje se dará gracias a la oportunidad continua del niño de mirar este libro casero que has confeccionado para él número a número.

A la vez que haces y utilizas estos libros, puedes, por ejemplo, indicar las señales de tráfico cuando vayas en coche. Cuando te halles en el coche con el niño, puedes decir cosas como: «En esa señal veo un número, que es el ___». Di tú el número si tu hijo no lo dice.

Al principio, siempre dirás tú el número antes que él. Después de un tiempo, lo reconocerá antes de que tú lo digas.

Los números están en todas partes. A tu hijo le gustará, sobre todo, decirlos en voz alta a medida que se vayan iluminando en un ascensor. También le gustará buscar los números que hay en los pasillos de los supermercados. Cuanto más se los hagas ver a tu pequeño, más los aprenderá. Toda esta información y reconocimiento añadirán significado al entorno del niño e, indudablemente, aumentarán su conocimiento.

Formas

Si tuviste éxito con los libros de formas, éste es un buen momento para hacer un libro de formas de seguimiento. En éste puedes usar divisores para escribir en ellos el nombre de diferentes formas. Luego, tú y tu pequeño podéis buscar objetos de formas distintas y pegarlos en la página que corresponda.

Por todas partes hay formas, y tu hijo empieza a percatarse de ellas en el mundo que le rodea. Las casas están llenas de cuadrados y rectángulos y, ¡mira cuántos círculos (ruedas) mueven el mundo! Además, las baldosas del suelo están, de hecho, llenas de formas interesantes. Y no hay razón alguna para no señalar el popular pentágono presente en todas las pelotas de fútbol.

Una gran idea es convertirse en detectives de formas cuando debas esperar con el niño en algún lugar nuevo. Quizás os halláis en la sala de espera de la consulta del médico. O quizás estáis en un restaurante o en cualquier otro lugar interesante. Para pasar el

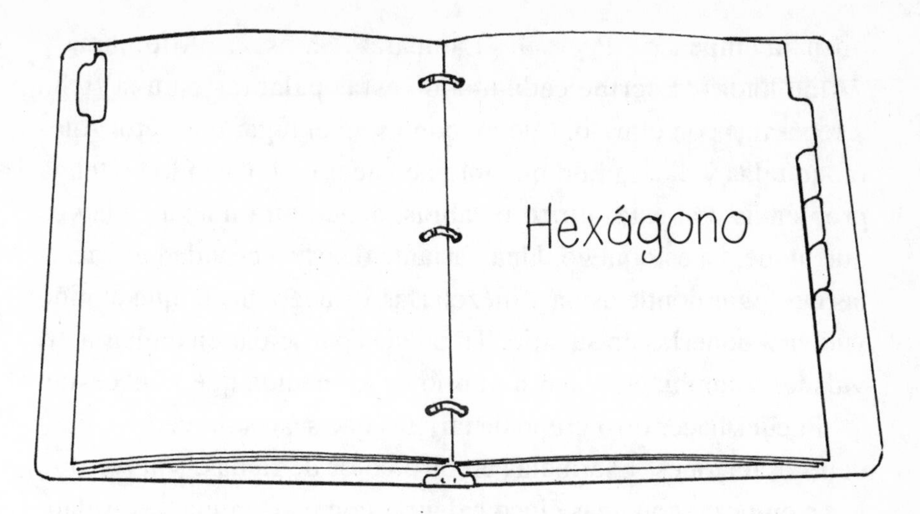

Figura 13.7. Libro de formas de seguimiento.

rato, identificad, por turnos, círculos, cuadrados, triángulos y rectángulos en la habitación. Sin darte cuenta, verás detalles en lámparas, aparadores, armarios u otros sitios de los que nunca antes te habías percatado. Posiblemente este agradable pasatiempo termine por parecerte interesante, divertido y educativo.

Lectura

Tener un fichero lleno de tarjetas de palabras es un excelente punto de partida para muchas de las actividades de seguimiento que puedes realizar. Utiliza fichas de tamaño 7 × 12 cm y un fichero hecho para ese tamaño. Puedes guardar todo tipo de tarjetas de palabras en este fichero de tarjetas de palabras. Para escribir las palabras usa un lápiz o rotulador.

Puedes hacer un grupo de tarjetas que sean sólo nombres. Pueden ser cosas. Escríbelas en un mismo color de fichas. He aquí algunas sugerencias sobre las palabras que puedes escribir para empezar: «Puerta», «Lámpara», «Mesa», «Alfombra» y «Almohada». Escribe cada una de estas palabras en una ficha y repásalas con el niño. Luego, ponlas en el lugar correcto. Ahora, quítalas y di a tu hijo que intente hacerlo él. Cuando no tenga problemas con estas cinco palabras, añade otra nueva cada vez que juguéis a este juego. Una variante de esta actividad es sacarlas del lugar donde están y mezclarlas y, luego, hacer que el niño vuelva a ponerlas en su sitio. Tú puedes participar en ambas actividades y también ayudar a tu hijo en la medida que lo necesite.

Puedes hacer otro grupo de tarjetas que sean sólo verbos. Pueden ser acciones. Escríbelas en otro color de fichas. Vuelve otra vez a empezar con unas cinco palabras como «Caminar», «Aplaudir», «Saltar», «Brincar» y «Cantar». Escribe cada palabra en una ficha y repásalas con tu hijo.

Luego, coged por turnos una tarjeta y haced la acción que indica. Cuando se haya familiarizado con estas cinco palabras, añade una nueva cada vez que juguéis a este juego. Una variante de esta actividad es hacer, también por turnos, las acciones de todas las fichas y después mirar cómo las hace el otro.

Es conveniente usar un mismo color de fichas para los nombres y otro para los verbos. Esto evitará que se mezclen.

También puedes incluir las palabras que a tu hijo más le gustan. De vez en cuando, pídele que te dé una y añádela o bien a la colección de nombres o bien a la de verbos.

Una lectura precoz también puede beneficiar el habla. Puedes escribir en fichas ciertas palabras con el fin de que tu hijo aprenda a decirlas con mayor claridad.

Ahora escoge otro color de fichas y ponte a descomponer palabras. Coge tantas fichas como letras tenga el nombre de tu hijo. Luego, coloca las fichas en posición vertical y escribe la primera letra de su nombre en mayúsculas en una ficha y sigue en minúsculas poniendo una letra en cada ficha. Mezcla las letras y ex-

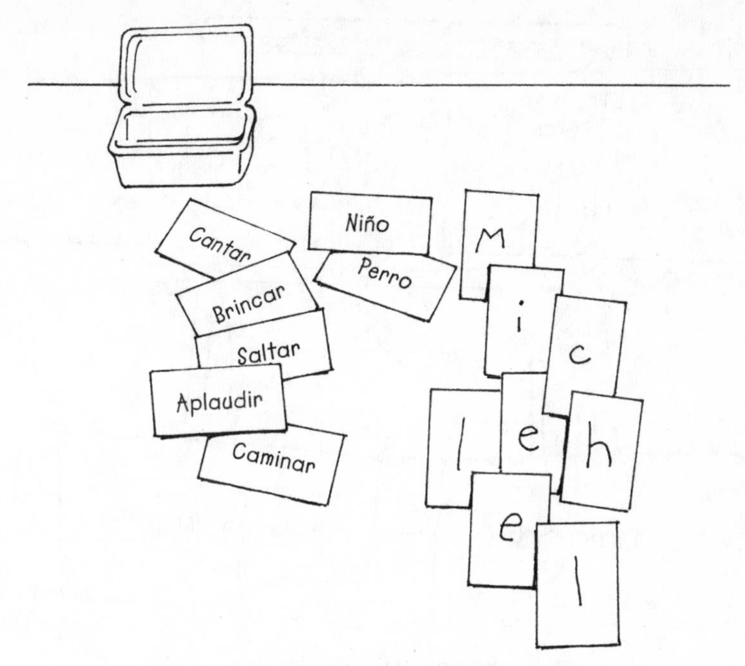

Figura 13.8. Fichero de tarjetas de palabras.

tiéndelas después delante del niño. Hecho esto, déjale que ordene las fichas y escriba su nombre correctamente. Ayúdale tanto o tan poco como sea necesario. Si a tu hijo le gusta este juego, coge más fichas del mismo color y descompón otros nombres. Algunas sugerencias son tu nombre, los apellidos del niño, los nombres de otros miembros de la familia, los nombres de los amigos del niño y de los amigos de la familia.

Siguiendo con la técnica de las tarjetas, puedes convertir otro fichero en un buzón. Para esta actividad van bien las fichas de tamaño 10 × 17 cm.

Dependiendo del nivel del vocabulario leído de tu hijo, escribe mensajes de una, dos, tres o cuatro palabras y mételos en dicho buzón una vez al día como mínimo. Cuando tu hijo esté preparado, escribe mensajes de acción que al niño le sea posible llevar a

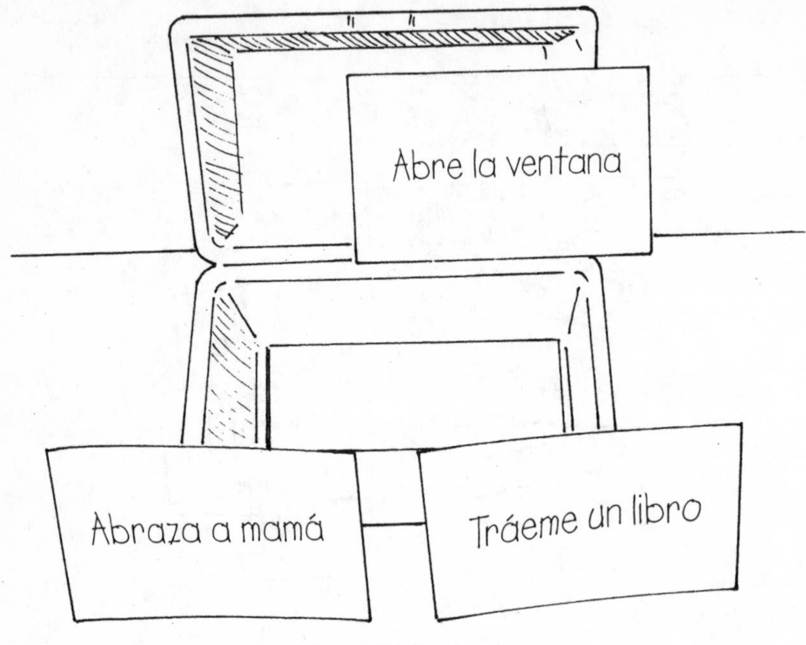

Figura 13.9. Buzón.

cabo. Por ejemplo: «Abre la ventana». «Tráeme un libro.» «Abraza a mamá.»

Con más fichas de tamaño 10 × 17 cm, crea un activo «Juego de las órdenes». Escribe unas cuantas órdenes sencillas en una serie de fichas, una por ficha. Por turnos, coged una tarjeta y seguid la orden escrita en ella. Procura que las frases sean de tres o cuatro palabras. Si el niño tiene dificultad para leer alguna de las palabras, ayúdale en lo que puedas. He aquí algunas órdenes comunes: «Cierra la puerta». «Átate el zapato.» «Da palmadas.» «Salta tres veces.» «Camina alrededor de la mesa.»

Valiéndote de nuevo de fichas del tamaño 10 × 17 cm, prepara un juego llamado «La caza del tesoro». Esconde por la casa pequeños regalitos.

Estos regalitos pueden ser, por ejemplo, una caja de lápices, un paquete de pegatinas, una naranja o un plátano con una cara

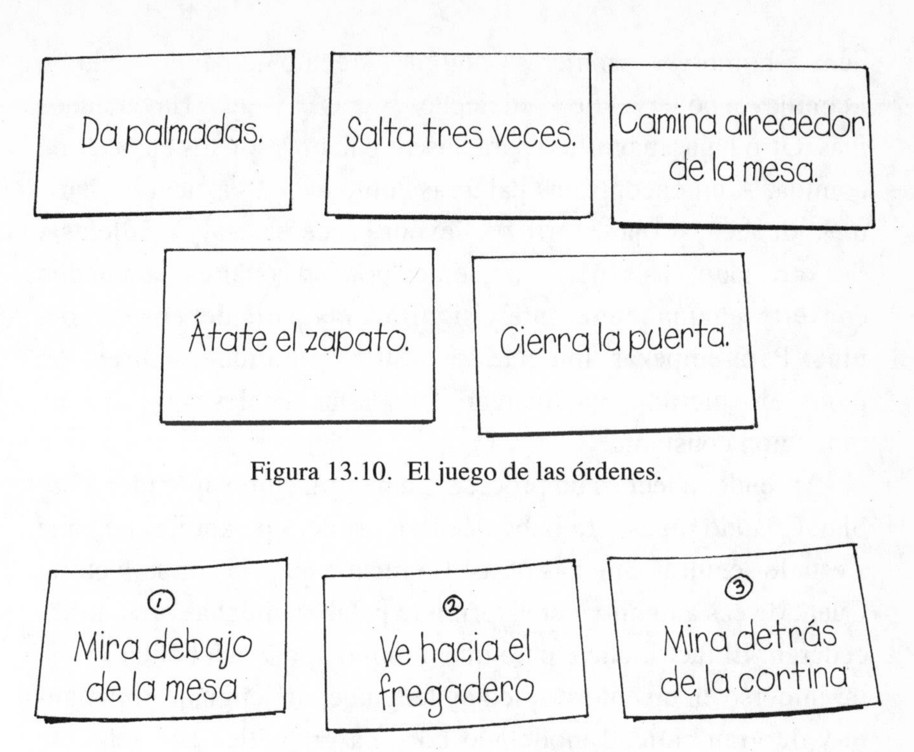

Figura 13.10. El juego de las órdenes.

Figura 13.11. La caza del tesoro.

dibujada en su piel con un rotulador no tóxico, masilla para jugar o una pelota pequeña (no lo suficientemente pequeña como para que tu hijo pueda tragársela). Luego, prepara tres pistas para cada regalito. He aquí una serie de pistas de muestra: «Mira debajo de la mesa». «Ve hacia el fregadero.» «Mira detrás de la cortina.»

Cuando a tu hijo empiece a interesarle la lectura, encontrarás muchos lugares en los que hallar palabras para leer. Los mejores lugares para encontrar palabras son los titulares de los periódicos, revistas y catálogos. A continuación hay ejemplos de palabras relativamente habituales. «Abrir», «la», «ventana», «a», «mundo», «verano», «caer», «invierno», «primavera», «mejor», «nuevo», «y», «zapatos», «divertido», «punta», «comida», «esto», «vivir», «en», «hombres», «mujeres», «gran», «regalo», «para», «salud», «familia», «poder», «tus», «derecho», «grasa» y «tu». Hay muchos más. Otro lugar magnífico para buscar palabras son los envases de comida. Aquí encontrarás palabras como «sal», «azúcar», «harina», «leche», «soja», «arroz», «avena», «cereales» y «galletas». Por otro lado, las señales, presentes por todas partes, se pueden convertir en una interesante y significativa parte del entorno del niño. Para empezar, indícale los «Stop», «Salida», «Dirección única», «Abierto», «No aparcar», etc. Estas señales permiten una repetición constante.

Aprender a leer es un proceso tan natural como aprender a hablar. Cuando oigas a tu bebé decir su primera palabra, sabes que a ésta le seguirán muchas otras. Lo mismo sucede con la lectura. Cuando veas a tu hijo leer su primera palabra, muchas otras le sucederán. El factor clave para que un niño aprenda a hablar es estar inmerso en un entorno rico en lenguaje; un lenguaje abundante y de gran calidad modelado por una gramática correcta. De forma parecida, la clave para aprender a leer es el contacto con muchas palabras escritas con claridad. Las palabras que se repiten ayudarán a que tu hijo se familiarice con ellas y favorecerán la rapidez y eficacia con que aprenderá a leerlas.

De lo que trata este libro es de enseñar con juguetes. Los juguetes son un vehículo para jugar. Jugar consiste en divertirse. Leer es muy divertido. Aporta a los niños información y satisfacción. Es absolutamente positivo. Cuando la gente te pregunte por qué estás enseñando a leer a un niño tan pequeño, podrás explicarles que lo estás haciendo a través del juego. Recuerda que debes abandonar la actividad si se vuelve tediosa o, por algún otro motivo, problemática. Acuérdate también de mantener este espíritu lúdico siempre que realices cualquiera de las actividades de lectura.

14

Recapitulación

Estimulación educativa y visión general

De acuerdo con lo que sabemos en el siglo XXI sobre el desarrollo infantil, los niños necesitan estar en un entorno determinado para poder madurar. He aquí los cinco elementos que necesitan:

- Cariño.
- Orientación.
- Apoyo.
- Protección.
- Estimulación educativa.

Cada elemento, independientemente de los demás, es importante y juntos son esenciales.

El doctor Burton White

Burton White fue el primero en identificar, en 1975, los cinco elementos que necesitan los niños. Ese año los presentó en su famoso libro titulado *Los tres primeros años de su hijo.* La pregunta que investigó fue: «¿Qué aspectos de la vida de los niños que empiezan el colegio con éxito son distintos respecto de aquellos que no lo empiezan con éxito?». En el lenguaje actual sustituiríamos la expresión «empezar el colegio con éxito» por «estar preparado para el colegio». Después de treinta años de investigación, llegó a la conclusión de que la diferencia reside en lo que les pasa a los niños durante sus tres primeros años de vida. Burton White dice que si los niños alcanzan los 3 años de edad bien desarrollados, automáticamente se convierten en firmes candidatos al éxito en el colegio a los 6 años.

No nos dejó ni una duda acerca de cómo los niños pueden tener un buen desarrollo. Como parte de su investigación, fue capaz de identificar las categorías de experiencias que debe tener todo niño durante sus tres primeros años de vida para poder desarrollarse correctamente. Tales categorías son las enumeradas arriba.

En su libro explicaba exactamente qué experiencias son necesarias como parte de dichas categorías. Desde 1975 muchos padres han leído su libro con el fin de conocer las experiencias que deben proporcionar a sus hijos durante sus tres primeros años de vida para que alcancen la edad de 3 años con un desarrollo óptimo y tengan una probabilidad muy alta de tener éxito en el colegio a los 6.

A medida que te vayas acercando al final de *50 actividades educativas para desarrollar las habilidades de tu hijo,* te darás cuenta de que toda esta información está presente en este libro de una forma fácil de seguir. Este libro es excepcional porque no sólo te dice lo que necesitas hacer durante los primeros tres años, sino que además te explica exactamente cómo hacerlo. Estudios recientes culpan del crimen y la violencia a la falta de amor, orientación, apoyo y estimulación educativa. Relacionan estos comportamientos directamente con las primeras etapas de la vida del niño, desde su nacimiento hasta los 3 años de edad.

Con este libro, tienes en tus manos la posibilidad de evitar estos comportamientos. A medida que vayas viviendo el proceso, recuerda que estás tomando tus propias medidas contra el crimen y la violencia. ¡Resulta increíble que se trate de algo tan sencillo y divertido, además de efectivo!

La primera parte de este libro habla enteramente de lo que hay que hacer. Lo explica todo. Observa cómo los capítulos se corresponden con los cuatro primeros conceptos básicos.

- Capítulo 1, «Juguetes, juego y aprendizaje»: directamente relacionado con el amor.
- Capítulo 2, «¿Por qué hacer tus propios juguetes?»: directamente relacionado con la orientación.
- Capítulo 3, «Talleres sobre la confección de juguetes»: directamente relacionado con el apoyo.
- Capítulo 4, «Ideas para el desarrollo»: directamente relacionado con la protección.
- Capítulo 5, «Las sugerencias del día a día»: principalmente relacionado con la protección.

Juntos, todos estos capítulos te permiten llevar a cabo un programa completo de estimulación educativa. Luego, la segunda parte te explica exactamente cómo hacerlo. Con ella aprendes a fabricar y usar juguetes para cada una de los cinco ámbitos.

Amor

El capítulo 1, «Juguetes, juego y aprendizaje», habla del tiempo que pasas junto a tu hijo. Te dice lo importante que es la relación que entablas con el pequeño. También aprendes cosas sobre música, sobre juguetes hechos a mano, sobre el poder de la repetición y la familiarización, sobre lo natural que es estar con tu hijo, sobre la individualidad o la singularidad, sobre la simplicidad, la curiosidad y la espontaneidad. La familia, el hogar y el cuidado del niño se convierten en el escenario central.

Orientación

El capítulo 2, «¿Por qué hacer tus propios juguetes?», te dice qué juguetes necesitas para orientar a tu hijo. Curiosamente, son sencillos. Por otro lado, son también creativos. Llevar a cabo los distintos proyectos hace que tanto tú como el niño os sintáis vivos. Si pudieras comprar todos los juguetes que necesitas, otro gallo nos cantaría; pero no puedes. Este proceso está relacionado con el hecho de trabajar en grupo, interactuar y crear.

Apoyo

El capítulo 3, «Talleres sobre la confección de juguetes», está relacionado con el apoyo. La premisa básica para los padres es apoyarse mutuamente. Es este apoyo el que va a ayudarte a proporcionar a tu pequeño el apoyo que necesita. Durante estas clases o talleres compartes ideas, información e incluso materiales. Aprendes cómo enseñar correctamente a tu hijo así como el concepto capital de que «cada minuto, cada hora y cada día son importantes en la vida de un niño».

Protección

El capítulo 4, «Ideas para el desarrollo», se centra en el tema de la protección. En cierto modo, todo aquel que se convierte en padre o madre sabe exactamente cómo cuidar de su bebé. Así lo dicta la naturaleza. Por otro lado, sin embargo, esto es algo que se transmite de padres a hijos y que, originalmente, no ha sido concebido para formar parte de la agitada y precipitada vida que vivimos. Por este motivo, este capítulo te da a conocer los recursos más nuevos y actuales para ofrecer a tu hijo el entorno óptimo. Cuando hayas leído este capítulo, tendrás un buen conocimiento de cómo se produce el desarrollo en estos cinco ámbitos y de cómo facilitarlo.

El capítulo 5, «Las sugerencias del día a día», es una continuación de la protección. Primero obtienes una visión global sobre la nutrición, el ejercicio y el sueño desde un punto de vista práctico. Éste es el triángulo de la salud. Luego, obtienes ideas relacionadas con la autoayuda, el juego y consejos de toda clase. Puedes ver cómo el concepto de protección abarca distintos ámbitos.

Estimulación educativa

Esto es lo que encuentras a lo largo de todo este libro. Tienes todos los caminos y referencias importantes para proporcionar a tu hijo una base educativa sólida en sus tres primeros años. Al final, dispones de unas actividades de seguimiento que te permiten ayudar a tu hijo durante el transcurso de sus años preescolares, entre los 3 y los 6 años.

Tu importante papel

En la sociedad tecnológica actual es fácil empezar a pensar que ni tú ni tu presencia son particularmente importantes para tu hijo. Sin embargo, a modo de salvaguarda contra este tipo de pensamiento, voy a compartir contigo este relato educativo. Varios maestros de preescolar llevaron a sus niños al patio de recreo. Se sentaron todos juntos en un banco y se pusieron a charlar. Uno tras otro, todos los niños fueron alguna vez donde estaban los maestros para quejarse de que otro niño les había pegado o se había peleado con ellos. Otro grupo de maestros de preescolar llevó a sus niños al patio pero se dividieron con el fin de controlar todas las zonas del área de juego. Durante el tiempo de recreo, ni un solo niño perdió siquiera cinco segundos de juego por sufrir o quejarse de haber sufrido contratiempo alguno.

Cuando pienses en juguetes para tu hijo y en enseñarle cosas, ten presentes los siguientes objetivos:

1. Llenar tu hogar con las cosas que quieres que tu hijo aprenda.
2. Usar materiales caseros que de otra forma tirarías a la basura.

Si tienes en cuenta estas premisas te será más fácil seguir creando juguetes que sean apropiados para tu hijo. La repetición, la familiarización y la estimulación de los cinco sentidos te pueden servir de guía a la hora de hacer y de usar juguetes educativos interesantes para tu pequeño.

Apéndices

Apéndice A: hoja de seguimiento para el ámbito de la autoconciencia

	Lista de materiales reunidos	Fecha de finalización del trabajo
El juguete de mi nombre		
Mi familia		
Mi historia		
Mis amigos		
Decoración personalizada de la habitación		
Espejito, espejito		
El bastidor para juguetes		
La bolsa de los juguetes		

Apéndice B: hoja de seguimiento para el ámbito de los colores

	Lista de materiales reunidos	Fecha de finalización del trabajo
Cajas de colores		
Libros de colores		
Tarjetas de colores		
Cestas de colores		

Apéndice C: hoja de seguimiento para el ámbito de las letras

	Lista de materiales reunidos	Fecha de finalización del trabajo
Tarjetas de letras		
Cajas de letras para jugar		
Cajas del abecedario		
Cuaderno de letras		
Cojines en forma de letras		
Letras magnéticas		
Cubos del alfabeto		

Apéndice D: hoja de seguimiento para el ámbito de los números

	Lista de materiales reunidos	Fecha de finalización del trabajo
Libros de números		
Fichas seriadas		
Contar objetos		
Dados		
Números de esponja		
Fichas del dominó		
Escoger un número		

Apéndice E: hoja de seguimiento para el ámbito de las formas

	Lista de materiales reunidos	Fecha de finalización del trabajo
Libros de formas		
Cajas con formas		
Juguetes para encajar piezas		
Colecciones de formas		
Asientos de formas		
Secuencias de formas		

Apéndice F: hoja de seguimiento para el área de la lectura

	Lista de materiales reunidos	Fecha de finalización del trabajo
Libros de palabras		
Libreta de palabras		
Libro de las categorías		
Postales		
Tarjetas de alimentos sanos		
Tarjetas de palabras		
Puzzles de palabras		
Grabar un libro		

Apéndice G: hoja de recuerdo I

Actividad	Lun.	Mar.	Mié.	Jue.	Vie.	Sáb.	Dom.

Cognitiva

Motriz

Social

Lenguaje

Autoconfianza

Apéndice H: hoja de recuerdo II

Ideas	Lun.	Mar.	Mié.	Jue.	Vie.	Sáb.	Dom.
Nutrición							
Descanso / sueño							
Autoayuda							
Juego							
Miscelánea							

Bibliografía

American Natural Hygiene Society, *49 Tips for Maximizing Your Health –Naturally*. Tampa, Fla.: American Natural Hygiene Society, 2000.

Bloom, «Bloom on Books», *Cornell Alumni News*, septiembre/octubre de 2000, pág. 55.

Bredekamp, S. (comp.), *Developmentally Appropriate Practices in Early Childhood Programs Serving Children from Birth Through Age 8*, Washington, D.C.: National Association for the Education of Young Children, 1998.

Carnegie Task Force on Meeting the Needs of Our Youngest Children, *Starting Points: Meeting the Needs of Our Youngest Children*, Nueva York, Carnegie Corporation of New York, 1994.

Center for the Improvement of Child Caring, «Partners for Effective Parenting», *Newsletter of the Center for the Improvement of Child Caring* 2, nº 1, 1999.

Child: The Essential Guide for Parents, octubre de 2000.

Granitur, E., *I Love You Daddy*, Miami Beach, Fla., Sydney's Sproutin' Company, 1996a.

—, *I Love You Daddy Even More*, Miami Beach, Fla.: Sydney's Sproutin' Company, 1996b.

—, *We Love You Daddy*, Miami Beach, Fla.: Sydney's Sproutin' Company, 1996c.

Growing Child Publications, 22 North Second Street, P.O. Box 620, Lafayette, IN 47902-0620, 2000.

Hegener, Mark y Helen Hegener, *Home Education 17*, nº 5, septiembre/octubre de 2000.

Leach, Penelope, *Your Baby and Child from Birth to Age Five*, Nueva York, Alfred A. Knopf, 1998 (trad. cast.: *El bebé y el niño*, Barcelona, Grijalbo, 1993).

Maas, J., *Power Sleep*, Nueva York, HarperPerennial, 1999 (trad. cast.: *Aprende a dormir: métodos para remediar los trastornos del sueño y aumentar el rendimiento físico y mental*, Barcelona, Oasis, 1999).

Mothering Magazine. Mothering: The Natural Family Living Magazine, nº 102, septiembre/octubre de 2000.

Neufeldt, V. y A. N. Sparks, *Webster's New World Dictionary*, Nueva York, Warner Books, Inc., 1990.

«Newsweek Special 2000 Edition: Your Child Birth to Three», *Newsweek*, otoño/invierno de 2000.

Parents: America's #1 Family Magazine, octubre de 2000.

Rick, S., *The Reflexology Workout*, Nueva York, Crown Trade Paperbacks, 1986.

Robert R. McCormick Tribune Foundation, *Ten Things Every Child Needs*, Chicago, WTTW Chicago and the Chicago Production Center.

Schwartz, E. y Craig A. Conley, *Human Diversity: A Guide for Understanding*, 4ª ed., Nueva York, McGraw-Hill, 2000.

«Where Kids Play to Learn & Parents Learn to Play», *Nick Jr.*, octubre/noviembre de 2000.

White, B. L., *The First Three Years of Life*, Nueva York, Fireside, 1998 (trad. cast.: *Los tres primeros años de su hijo*, Barcelona, Medici, 1999).